吉川武文 著

図解! 製造業の「経営改善」に正しく使える「管理会計」

経営課題を解決し
付加価値を稼ぐための75のタスク

日刊工業新聞社

〈はじめに〉

「経営のための会計」ではなかった？

　会計には大別して財務会計と管理会計があります。財務会計の目的は、決まった通りの方法・体裁で業績を資金提供者に開示すること。管理会計の目的は、経営者に必要な情報を示して強い会社を作ることです。2つの会計が違うのは、①作成目的の違いと、②開示の決まりが時代に追いついていないから。

　ではなぜ、本書の対象が中小製造業の管理会計なのか？　実は、多くの会計専門家の関心と指導は、開示の決まりに極端に偏っていました。その一方で、経営管理のための会計は、ずっとほったらかしだったのです。こうした会計の現実が、中小製造業にとって2つの困った場面を作り出しています。

場面1	経営実務に携わる方が、自社の経営課題に合った管理会計を構築しようとする時に、参考にすべきものがない
場面2	自社の実情に合った管理会計を構築しようとしているのに、会計専門家から「きちんとやりましょう」と不適切な指導を受ける

　もちろん「きちんとした開示の会計」は大切なものです。しかしそれはあくまでも開示の方便であり、必ずしも良い経営を意図して作られたものではなかったことには注意が必要です。日本30年の生産性低迷に終止符を打つ力もありません。それでも、体力ある大手製造業なら、なんとかやっていけるのかもしれませんが、日々の経営課題と戦う中小製造業は困ります。そこで本書は、中小製造業が会社の経営課題に合った管理会計を構築したり、開示の専門家と話し合い、連携する場面で活用していただくことを目指しています。

	管理会計（経営の会計）	財務会計（開示の会計）
中小製造業	★本書の会計	従来の会計
大企業	従来の会計	従来の会計

　歴史的円安、物価やエネルギー費の高騰、世界的な自国主義の広がり、戦争、異常気象の影が日に日に濃くなっています。本書の論点が平和な時代に活発に議論されなかったことは残念ですが、それは未来に残された伸びしろの大きさでもあります。ぜひ本書で紹介する「正しく使える」管理会計で逆境をチャンスに変え「成長と分配の好循環」への一歩を力強く踏み出してください。

2024年7月1日

目次

はじめに
「経営のための会計」ではなかった？ ……………………………………………………… i

第1章	利益から、付加価値へ！	1

- ★ TASK 00　正しく使える管理会計で、何を目指すか？ ………………………… 2
- ★ TASK 01　業績回復への行動を、始めよう ……………………………………… 4
- ★ TASK 02　経営のための管理会計を、作ろう …………………………………… 6
- ★ TASK 03　事業の付加価値を、可視化しよう …………………………………… 8
- ★ TASK 04　正しい管理会計がないと、どうなるか？ ………………………… 10
- ★ TASK 05　「変革」が失敗してきた原因を、知ろう ………………………… 12
- 演習問題 …………………………………………………………………………………… 14

第2章	固変分離をやり直そう！	15

- ★ TASK 06　これからは、「管理目的法」で固変分解しよう ………………… 16
- ★ TASK 07　直接費・間接費の混同に、注意しよう …………………………… 18
- ★ TASK 08　正しい固変分離が、会社を真に強くする ……………………… 20
- ★ TASK 09　固変分離で、コストダウンの基礎を作ろう …………………… 22
- ★ TASK 10　固変分離で、正しい事業計画を立てよう ……………………… 24
- 演習問題 …………………………………………………………………………………… 26

第3章	固定費の配賦を止めよう！	29

- ★ TASK 11　固定費配賦の危険性を理解しよう（その①） …………………… 30
- ★ TASK 12　固定費配賦の危険性を理解しよう（その②） …………………… 32
- ★ TASK 13　減価償却が危険な処理であることを、知ろう ………………… 34
- ★ TASK 14　売上原価と販管費の区分を、止めよう ………………………… 36
- ★ TASK 15　これからは、事実に基づく経営判断をしよう ………………… 38
- 演習問題 …………………………………………………………………………………… 40

第4章	原価計算をやり直そう！	41

- ★ TASK 16　固定費配賦と間接費配賦を、混同しない ……………………… 42
- ★ TASK 17　配賦計算を、正しい場面で使おう ………………………………… 44

ii

★ TASK 18	受注の優先順位を、正しく判断しよう	46
★ TASK 19	固定費の逃げ回りを、止めよう	48
★ TASK 20	今までの勘定連絡図は、失敗していた	50
演習問題		52

第5章　目標の KPI を見直そう！ 55

★ TASK 21	WACC を周知し、その達成を目指そう	56
★ TASK 22	本当の損益分岐点を、目標にしよう	58
★ TASK 23	会社の成長を、付加価値で可視化しよう	60
★ TASK 24	新しい KPI で、人を育て会社を強くしよう	62
★ TASK 25	30 年間の失敗を、もう繰り返さない	64
演習問題		66

第6章　物価高騰と戦おう！ 73

★ TASK 26	今まで手つかずだったムダを、見つけよう	74
★ TASK 27	それぞれの変動費の管理方法を、決めよう	76
★ TASK 28	価格差異と数量差異の区分が、成功のポイント	78
★ TASK 29	3 つの差異の計算方法を、確認しよう	80
★ TASK 30	差異分析で、コストダウンの設計図を作ろう	82
演習問題		84

第7章　エネルギー費高騰と戦おう！ 87

★ TASK 31	省エネと省資源を、生存戦略に変えよう	88
★ TASK 32	今後も続くエネルギー費の高騰に、備えよう	90
★ TASK 33	事業の成長と脱炭素のバランスを、取ろう	92
★ TASK 34	エネルギーあたりの生産性を、改善しよう	94
★ TASK 35	デジタルと管理会計を、組み合わせよう	96
演習問題		98

第8章　ゼロ在庫から最適在庫へ！ 101

★ TASK 36	不適切なゼロ在庫は、止めよう	102
★ TASK 37	流通業の視点で、最適在庫を決めよう	104
★ TASK 38	期末日だけの在庫削減を、止めよう	106
★ TASK 39	在庫管理を変えれば、会社も変わる	108

| ★ TASK 40 | 本気で WACC を目指すなら、B/S も変えよう | 110 |
| 演習問題 | | 112 |

第9章　固定費が強い会社を作ろう！　　115

★ TASK 41	固定費は経営資源であることを、確認しよう	116
★ TASK 42	ヒトが強い会社を作ろう（その①）	118
★ TASK 43	ヒトが強い会社を作ろう（その②）	120
★ TASK 44	モノ・カネが強い会社を作ろう（その①）	122
★ TASK 45	モノ・カネが強い会社を作ろう（その②）	124
演習問題		126

第10章　生産性を正しく管理しよう！　　129

★ TASK 46	ストップウォッチ管理の限界を、知ろう	130
★ TASK 47	成長につながる生産性評価を、始めよう	132
★ TASK 48	付加価値による生産性評価を、始めよう	134
★ TASK 49	各部門の生産性の指標を、繋げよう	136
★ TASK 50	テレワークに表れる、2つの管理の差	138
演習問題		140

第11章　イノベーションを起こそう！　　143

★ TASK 51	イノベーションが必要な理由を、知ろう	144
★ TASK 52	製造業の学びを、回復しよう	146
★ TASK 53	ヒトが辞めない会社を、作ろう	148
★ TASK 54	今日の価値と明日の価値を、両立させよう	150
★ TASK 55	多様性を、イノベーションに繋げよう	152
演習問題		154

第12章　設備投資を変えよう！　　157

★ TASK 56	最も儲かる案件を見つける方法が、IRR 法	158
★ TASK 57	現在価値の意味を、正しく理解しよう	160
★ TASK 58	NPV 法（正味現在価値法）を、理解しよう	162
★ TASK 59	IRR 法（内部収益率法）を、理解しよう	164
★ TASK 60	IRR 法（内部収益率法）を、使いこなそう	166
演習問題		168

第13章	プロジェクトも管理しよう！	171

★ TASK 61　NPV 法と IRR 法が衝突した時の判断（その①） ………… 172
★ TASK 62　NPV 法と IRR 法が衝突した時の判断（その②） ………… 174
★ TASK 63　研究開発プロジェクトを、IRR 法で管理しよう ………… 176
★ TASK 64　補助金の利用も、IRR 法で判断しよう ………………… 178
★ TASK 65　IRR 法で、成長・物価・CO_2 を両立させよう …………… 180
　演習問題 ………………………………………………………………… 184

第14章	付加価値の流れを掴もう！	187

★ TASK 66　C/F が必要になった理由を、知ろう ……………………… 188
★ TASK 67　P/L の信頼性回復で、経営を支えよう ………………… 190
★ TASK 68　費用収益対応原則の見直しで、経営を支えよう ………… 192
★ TASK 69　B/S の復活で、真の財政状態を把握しよう ……………… 194
★ TASK 70　正しい管理会計で、正しい FCF を求めよう …………… 196
　演習問題 ………………………………………………………………… 198

第15章	ビジネスを進化させよう！	199

★ TASK 71　会社の「変われない」を、変えよう ……………………… 200
★ TASK 72　会社の事業ポジションを、確認しよう ………………… 202
★ TASK 73　4 象限で、会社が進むべき方向を考えよう ……………… 204
★ TASK 74　正しい管理会計で、厳しい時代を生き抜こう ………… 206
★ TASK 75　固変分離と DX で、管理の速度を上げよう …………… 208

おわりに
大企業の会計と同じではいけない理由とは？ ………………………… 210

```
                    売上高
                     －材料費
                     －変動光熱費
                     －変動労務費 … 人はコスト？
           変動費     －外注加工費
                     －変動配送費
                     －変動販促費
                     －在庫金利
                    ＝付加価値
                     －固定労務費 … 人は資源？
           固定費     －減価償却費
                     －固定金利
                    ＝株主利益
```

v

財務会計（外部開示の会計）
- ✓ 外部の方によく見てもらう
- ✓ 開示の決まりを、きちんと守る
- ✓ 「決まり」に詳しい専門家に相談

連携

管理会計（内部管理の会計）
- ✓ 会社を実際に良くする
- ✓ 目的に合った会計を自分でデザイン
- ✓ 「会計と経営管理」の専門家に相談

← 本書で強化！

第1章
利益から、付加価値へ！

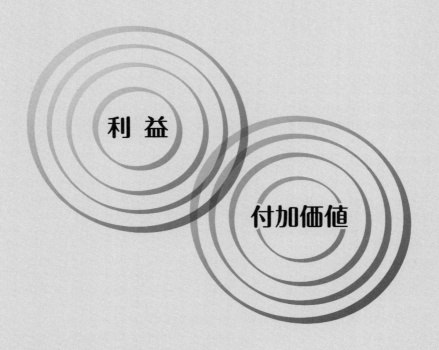

財務会計だけでは会社経営は難しい（！）ということをご存じだったでしょうか？　なぜなら、それは株主「だけ」に対する報告書だからです。全ての関係者（資金提供者・従業員・経営者自身）を巻き込んで真に強い会社を作るには、全員で目標共有するための管理会計が必要です。

TASK 00　正しく使える管理会計で、何を目指すか？

物価高騰、賃上げ、脱炭素、生産性など、会社経営は課題の山です。でも、バラバラだった活動を管理会計で統合すれば、解決の道筋が必ず見えてきます。まず会計を変える。それが全ての始まりです。

▶▶Phase 1.　経営管理の仕組みを作る

　21世紀の会社経営は課題の山ですが、それにバラバラに取り組んできたことが経営をさらに苦しくしてきました。これからも状況は悪化する一方ですが、実は（！）全ての課題解決の道は同じでした。「目標に合った管理会計をデザインし、真に効率の良い経営管理を実現する」それは「会社のあるべき形をデザインする」という命題でもあります（右図）。

利益から、付加価値へ！　（第1章）　原価計算をやり直そう！（第4章）
固変分解をやり直そう！　（第2章）　目標のKPIを見直そう！（第5章）
固定費の配賦を止めよう！（第3章）

▶▶Phase 2.　ムダを見つけて、出血を止める

　大きな変革を実現するには、直近の活動原資を確保しなければなりません。Phase 1で構築した「経営管理の仕組み」で直近のムダの出血を止め、次のPhase 3に繋ぎましょう。

物価高騰と戦おう！　　　　（第6章）
エネルギー費高騰と戦おう！　（第7章）
ゼロ在庫から最適在庫へ！　（第8章）

▶▶Phase 3.　成長への小さな一歩を踏み出す

　ここから成長フェーズに踏み出します。ポイントは人材育成。人はコストではなく資源です。必ず誰にでもあるはずの「やってみたい」を拾い上げ、小さな成功に導きます。1つの成功に、たくさんの「やってみたい」が続いたら、本当のイノベーションへの道が開けます。

固定費が強い会社を作ろう！　（第9章）
生産性を正しく管理しよう！　（第10章）
イノベーションを起こそう！　（第11章）

▶▶Phase 4.　1人ひとりの成長を、会社の成長の仕組みに変える

　従業員1人ひとりの「やってみたい」から始まった成長を、会社全体の「成

長と分配の好循環」の仕組みに変えます。そのポイントはプロジェクト化です。管理会計で未来のシナリオを描いて実行するプロジェクトの１つひとつが、会社の「事業計画」になっていきます。

設備投資を変えよう！	（第12章）
プロジェクトも管理しよう！	（第13章）
付加価値の流れを掴もう！	（第14章）
ビジネスを進化させよう！	（第15章）

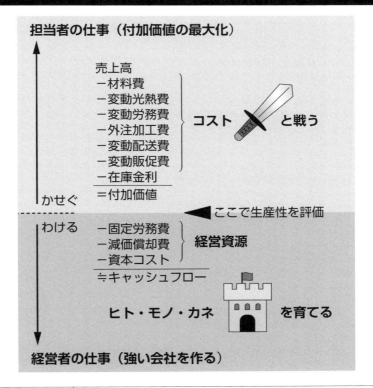

コスト（変動費）	変動費の管理は、担当者の仕事！ ➡外部コストをなるべく使わず、付加価値の最大化を目指す

★コストと資源は、今まできちんと区別されていなかった！

資源（固定費）	固定費の管理は、経営者の仕事！ ➡内部の経営資源をしっかり使って育て、強い会社を作る

TASK 01　業績回復への行動を、始めよう

世界各国の成長にもかかわらず、日本の生産性だけが停滞しています。勤勉なのに成長に繋がらないという「異常事態」には必ず原因があるはず。その原因を知ることが、業績回復への第一歩です。

▶▶30年も続く「異常事態」の原因は、会計だった！

　日本の生産性が30年間も停滞しています。2010年まで世界2位だった自慢のGDPでさえ、中国やドイツ（人口は日本の2／3）に抜かれてしまいました。日本の1人あたりの生産性がドイツの2／3なのはなぜなのか？　私たちがさぼっていたのならば仕方ありません。しかし**長時間働いて、働いて、頑張った結果**が30年間の停滞というのは異常事態です。最初のきっけが何であれ、私たちはいったい何を間違え続けてきたのでしょうか？

　頑張っても成果が出ないのは、頑張る目標が間違っていたからです。目標が間違っていたのは会計が間違っていたからです。なぜなら、私たちは毎日の目標を会計で立て、成果も会計で評価されています。もしその会計に誤りがあれば私たちの努力は実を結びません。そして実際、今までの会計は大きな問題を抱えていました。

▶▶財務会計と管理会計を、正しく使い分けよう！

　会計には、大別して財務会計と管理会計があります。「財務会計」は外部関係者に、過去の業績を、きれいに見ていただくための会計です。企業間の公正な業績比較を担保するために開示の様式が細かく定められていますが、結果的に財務会計は、**適切な経営をサポートするためのデザインになっていません**。例えば、財務会計のP/L（損益計算書）では、売上原価と販管費（販売費および一般管理費）を分けて書く慣行から、「売上原価≒変動費」「販管費≒固定費」と見なされがちですが、それは危険な誤解です。会社が売上を1.2倍にする計画を立てて実行しても、粗利は1.2倍にはならないのです。

　そこで、経営を支えるための「管理会計」が別途、必要になります。管理会計は、財務会計とは全く別のものです。しかし多くの会計専門家の知識と関心は財務会計に著しく偏っていて、誤った指導が行われる場面も少なくありませんでした。管理会計は、内部関係者が経営課題を率直に把握し、適切な経営判断を下していくための会計です。公正な比較を担保する必要はないので、内部関係者が自分自身の使い勝手で自由にデザインできます。言い換えると、それぞれの会社は、それぞれの事業の事情に合わせて**自力で管理会計をデザインしなければならない**ということでもあります。とはいえ、管理会計にも普遍的な原則はあります。それが「変動費と固定費の適切な分離」です。

第1章 利益から、付加価値へ！

Q. 日本の停滞の原因は、何でしょう？

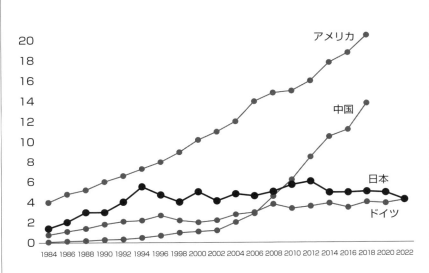

【30年も続く停滞には、理由があります】

	当期	来期	
売上高	1000	1200	1.2倍へ、頑張ろう！
－売上原価	750	900	1.2倍になるはず
＝粗利	250	300	1.2倍になるはず
－販管費	300	300	変わらないはず
営業利益	▲50 赤字	0 きっと赤字脱出	

【わざわざ2段書きにしているのに、経営の期待は裏切られます】

TASK 02　経営のための管理会計を、作ろう

少し想像してみてください、目を閉じて車を運転したらとても危険です。飛び出し、カーブ、赤信号…。実は、有効な管理会計を欠いた経営も同じような状況に置かれていたのでした。

▶▶財務会計では見えていなかった、会社の実力！

P/L（損益計算書）は経営管理の最重要ツールです。一般に財務会計の P/L を見れば、

> ① 会社が何に費用を使い、どれくらい儲かったのか？
> ② 本業と本業以外のどちらで利益が出ているか？
> ③ 黒字と赤字の境界線である損益分岐点がどのあたりにあるのか？

などが読み取れると説明されることもありますが、実はそのいずれも不可能でした。

例えばここに 2 つの会社（A 社と B 社）があり、財務会計の利益が同じだった場合でも、実力には大きな差があるかもしれません（右図）。**A 社はしっかり付加価値を稼ぎ出し、人材や設備投資に適切な分配**ができていますが、B 社はできていません。A 社の従業員のモチベーションは高く、活発なイノベーションで「成長と分配の好循環」が起こるでしょう。一方、労務費と設備投資を厳しく抑制している B 社の従業員のモチベーションは低く、**「縮小と衰退の悪循環」**に陥っている可能性があります。こうした差が、従来の P/L（財務会計の P/L）ではわかりませんでした。

▶▶会計の形が古ければ、ビジネスの発想も古いまま！

財務会計では「何に費用を使ったか」はわかりません。売上原価や販管費の内訳が示されないからです。「どれくらい儲かったか」もわかりません。付加価値が示されないからです。しばしば「本業外の費用」として説明される営業外費用の位置づけにも問題ありです。会社が資金提供者に負っている「資本コスト」や「金利」への責任は本業そのものだからです。そして変動費と固定費の分離の失敗により、損益分岐点すら正しく読み取ることができませんでした。ですから、**会計のステレオタイプな説明の誤りに注意してください。**

実は、今日の財務会計は約 100 年前にデザインされたものでした。当時は工場の労使対立が激しかったため、売上原価（実質的に製造原価）だけが販管費から切り離され厳重管理する形ができあがりました。ところが今日では ICT の

発達で生産技術のコモディティ化・標準化・自動化が進み、製造部門の管理だけでは業績の差が付かなくなりました。**主戦場はむしろ販管費側に移っています**が、今までの財務会計ではその変化を把握できません。使っている会計の形が古ければ、ビジネスの発想も古いままです。

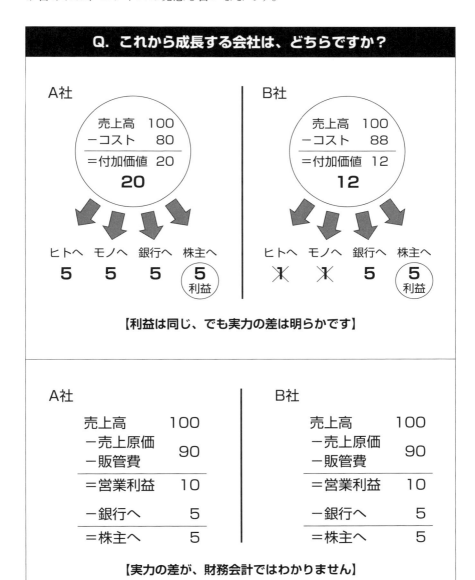

TASK 03 　事業の付加価値を、可視化しよう

付加価値を可視化し目標にしなければ会社の生産性は改善しません。
GDP（各社の付加価値合計）も伸びませんし、日本は豊かになりません。
今までそれが積極的に論じられてこなかったことが不思議です。

▶▶今までの会計では、付加価値が読み取れない！

　日本経済において長年の GDP の低迷が問題になっています（日本の失われた 30 年）。GDP は、概ね国内各社の付加価値の合計ですから、「GDP が伸びていない＝国内各社の付加価値が伸びていない」ということです。そして、労働人口 1 人当たりが稼ぎ出す付加価値（GDP）の大小が国の生産性ですから、「**生産性が向上していない＝私たちの実質賃金の減少**（生活苦の増大）に歯止めがかかっていない」ということでもあります。ですから、30 年の停滞を脱して日本の経済社会や会社を元気にするには、各社が付加価値を管理し、その増大を目指す活動を開始しなければなりません。会社の実力をしっかり示せない「利益」（TASK 02 参照）だけでは、**事業活動を適切に導くことができない**のです。ところが、従来の会計（財務会計・管理会計）には付加価値という概念がなく、それを正しく読み取る努力がなされてきませんでした。付加価値が読み取れないという問題は、製造業において特に深刻です。

製造業：売上総利益≠付加価値 ／ 流通業：売上総利益≒付加価値

▶▶付加価値が見える管理会計を、デザインしよう！

　なんとかして付加価値を可視化して、日々の事業活動の目標にしなければなりませんが、その計算方法は大別して 2 つあります。1 つは「控除法」（中小企業庁方式）と呼ばれるもので、売上高から外部購入価値（≒変動費）を控除して付加価値を求めます。これは会社が付加価値を稼ぎ出す過程を示していると考えられます。もう 1 つの計算方法は「加算法」（日銀方式）と呼ばれるもので、労務費・減価償却費・金融費用・株主利益・その他の合計で付加価値を求めます。これは会社が稼ぎ出した付加価値を、ヒト・モノ・カネといった経営資源に分配する過程を示していると考えられます。したがって控除法と加算法を連結すれば、会社が**付加価値を稼ぎ出し、それを経営資源（ヒト・モノ・カネ）に分配する過程**が可視化できたことになります。これが、これから取り組む新しい管理会計の基本形です。

（補足）「変動労務費」の扱いが問題になることがありますが、想定されるのは、いつでも止められる費用（アルバイト等）です。ですからここでは「全ての変動費＝経営管理上の外部費用」と考えて、管理会計を構築していきましょう。

Q. どうすれば、付加価値を可視化できますか？

付加価値

＝売上高－外部購入価値（≒変動費）

【「控除法」による付加価値の計算…かせぐ】

付加価値

＝労務費＋減価償却費＋金融費用＋利益・他

【「加算法」による付加価値の計算…わける】

売上高
－ 変動費
―――――――
＝付加価値
　－ ヒトの固定費
　－ モノの固定費
　－ カネの固定費
　＝ 株主利益

↑ かせぐ
↓ わける

売上高
－変動費
―――――
＝付加価値
↓ ↓ ↓ ↓
ヒト・モノ・カネ・利益

【「控除法」＋「加算法」…付加価値の流れの可視化】

TASK 04　正しい管理会計がないと、どうなるか？

財務会計は、変動費と固定費がゴチャゴチャで多くの問題を起こしていました。変動費と固定費をしっかり分離した管理会計を使えば、多くの経営課題を解決できます。それは手つかずの宝の山であり、日本の希望です。

▶▶財務会計は開示の会計なので、経営管理には使えない！

今まで積極的に論じられてこなかったことですが、いわゆる財務会計は21世紀の経営管理のためにデザインされた会計ではありません。そのため、以下の限界を抱えています。これが、これから新しく管理会計を構築していかなければならない理由でもあります。

★費用の管理ができない

売上高の増減によって変動費と固定費は全く異なる動き方をします。両者が混在している財務会計では、それぞれの費用の異常な動きを発見することができません。従って、費用の管理ができません。

★コストダウンができない

異常値が見えなければ費用管理のPDCAが回せません。そもそも売上原価の内訳すらわからないので、コストダウン活動が成功しているのか失敗しているのかすら把握できません。

★生産性の管理ができない

従来の財務会計では付加価値が読み取れません。そのため、生産性の良否の評価や、生産性向上を目指した管理をすることができません。結果として人材育成もできません。

★業績の管理ができない

いわゆる赤字／黒字の判断ですが、従来の財務会計では株主資本分のコストが表現されていないので、本当の意味での赤字／黒字の判断ができません（TASK 22参照）。

★事業計画が立てられない

変動費・固定費が混在していると、物価高騰の影響の評価や、売上高が縮小／伸張した場合の費用のシミュレーションができないので、適切な事業計画が立てられません。

★事業の成長管理ができない

財務会計の「利益」は、付加価値の分配如何で操作可能なものですから（TASK 2参照）、事業の真の実力を示しません。「付加価値」を見なければ、事業が順調に成長しているのか否かがわからないのです。

第1章 利益から、付加価値へ！

★賃上げ判断ができない

　物価が高騰しているからといって、同時に付加価値も減っていたら賃上げは困難です。無理に賃上げをすれば事業は破綻し、会社と従業員は共倒れになるでしょう。それは誰も幸せにしない結末です。会社と従業員は、常に付加価値を軸にしたコミュニケーションに務め、相互に協力してその最大化を目指さなければなりません。そのためには、付加価値が見える会計が必要です。

Q. 経営課題の解決には、どんな会計が必要ですか？

売上高

　－売上原価　　…変動費＋固定費
　＝売上総利益

　－販管費　　　…変動費＋固定費
　＝営業利益

　－営業外費用…変動費＋固定費
　＝経常利益

★費用管理　　　…できない
★コストダウン　…できない
★生産性管理　　…できない
★業績管理　　　…できない
★事業計画　　　…立てられない
★事業の成長管理…できない
★賃上げ判断　　…できない

【財務会計の形 ➡ ゴチャゴチャなので、管理できません】

売上高
　－工場内の変動費　　…変動費
　－工場外の変動費　　…変動費
　＝付加価値

　－固定労務費（ヒト）…固定費（ヒト）
　－減価償却費（モノ）…固定費（モノ）
　－固定的金利（カネ）…固定費（カネ）
　＝株主利益

★費用管理　　　…できる
★コストダウン　…できる
★生産性管理　　…できる
★業績管理　　　…できる
★事業計画　　　…立てられる
★事業の成長管理…できる
★賃上げ判断　　…できる

【管理会計の形 ➡ 変動費と固定費をしっかり分離】

TASK 05 「変革」が失敗してきた原因を、知ろう

今まで何度も「変革」は試みられてきたことと思います。それが根付かなかった理由を理解し、同じ失敗を繰り返さないように対策しなければ、日本に明日はありません。進化の時が来ています。

▶▶利益だけを目標にしてはいけなかった理由を、知ろう！

　国際紛争は止まず気候は悪化、物価高騰も続いています。会社や事業の「変革」はいよいよ待ったなしです。もちろん今までも様々な「変革」は試みられてきたはずですが、その多くが実を結んでいません。実はそこには**共通の失敗の原因**がありました。それは「変革」の目標が利益だったことです。ではどうして目標が「利益」ではいけなかったのか？

　最も根本的な理由は、利益は会社（株主）のものであって従業員のものではないということです。「利益を増やそう！」という経営の呼びかけが、従業員の本音に響かないことは多いです。実際、利益を増やす方法が、労務費削減やリストラであることもしばしばです。そんな変革に、**従業員は本気で取り組めません**。結果として業績が伸びなければ、従業員も会社（株主）も損をすることになります。これが「縮小と衰退の悪循環」です。

　本来、従業員と会社（株主）が目指すべき共通の目標は、分配原資である付加価値の最大化です。それが目標にされてこなかったのは、今までの会計では付加価値が読み取れなかったからでしょう。その結果、節減に努めるべき外部コストと、使って育てて強化すべき経営資源が混同され、経済と事業が「縮小と衰退の悪循環」に陥ってきました。

▶▶利益ではなく、付加価値を目標にしよう！

　ここで改めて「利益」と「付加価値」の違いを整理しておきましょう。会社は外部コスト（変動費）を消費して売上を実現します。売上高と変動費の差が付加価値です。会社が稼ぎ出した付加価値は、ヒト（従業員）、モノ（設備投資）、カネ（銀行・株主といった資金提供者）に順次分配されていきます。このうち**株主に分配された部分だけが「利益」**と呼ばれるものです。この利益だけを目的にして活動することの弊害は以下の通りです。

★弊害①：利益は付加価値の分配如何で操作可能であり、事業の実力を示しません。ヒトやモノへの分配を削れば一時的に利益を増やせますが、それは会社の実力ではないのです。日本も豊かになりません。

★弊害②：利益を大きく見せるための操作は、しばしば事業の真の危機を見え難くします。それが、事業の構造転換やイノベーションに向き合う経営の意思

第1章　利益から、付加価値へ！

を弱めてしまうことがあります。

★弊害③：そして利益は、関係者全員の目標になりません。従業員がしらけて本気にならなければ、「縮小と衰退の悪循環」が始まります。結果的に会社（株主）も損をします。

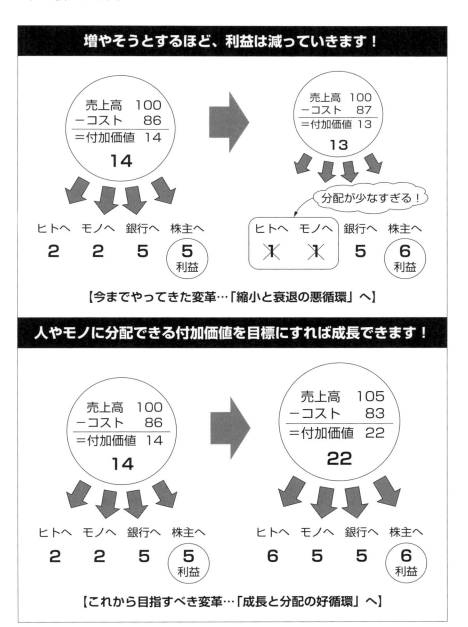

演習問題

★問題 1-①

以下の空欄を埋めよ。

企業会計には大別して財務会計と管理会計がある。両者の違いは以下の通り。

	財務会計	管理会計
1	★外部会計である （ ① ）や（ ② ）などの外部関係者に、経営成績を開示するためのもの	★内部会計である （ ③ ）などの内部関係者が、経営目的達成のために使うもの
2	★法定会計である 会社間の（ ④ ）を担保するために、開示の様式が決められている	★自由会計である 会社間の（ ④ ）を担保する必要はなく、目的に合わせて自由にデザインできる
	➡（ ⑤ ）の対象になる	➡（ ⑤ ）の対象にならない
3	★会計専門家が指導し、簿記等で習う	★会計専門家の関心は低かった
4	★過去会計である 過去の（ ⑥ ）の結果を示すもの	★未来会計である 未来への（ ⑥ ）を支えるためのもの
5	★良く見せるための会計である （ ⑦ ）を明示したくないという意図が、どうしても働きがち	★良くするための会計である （ ⑦ ）を率直に把握したり、（ ⑧ ）の効果を測定するために使われる
6	★原価計算に（ ⑨ ）を用いる	★原価計算に（ ⑩ ）を用いる

〈答え〉

①株主、②投資家、③経営者、④比較可能性、⑤財務監査、⑥意思決定、⑦経営課題、⑧経営施策、⑨全部原価計算、⑩固変分離を徹底した計算

★補足 1

⑩の答えは、いわゆる直接原価計算ではないことに注意（TASK 20 参照）。

★補足 2

おそらく 100 年前には、財務会計と管理会計の区別はありませんでした。しかし、その後の経営環境の変化で、制度化された財務会計（多くの関係者の利害に関わるため、容易に変更できない）では適切な意思決定ができなくなり、管理会計が分離していきました。

変化１：労使対立の鎮静化で、売上原価(製造原価)だけを厳重管理する意味が薄れた

変化２：事業活動の高度化で、売上原価(製造原価)と販管費の区分が困難になった

変化３：情報化社会の到来で、販管費側の管理の重要性が格段に増した

変化４：経済成長の鈍化で、設備投資に伴う減価償却費等の配賦計算が合理性を失った

変化５：社会情勢の複雑化や変化の速さで、固変分離の重要性が格段に増した

第2章
固変分離をやり直そう！

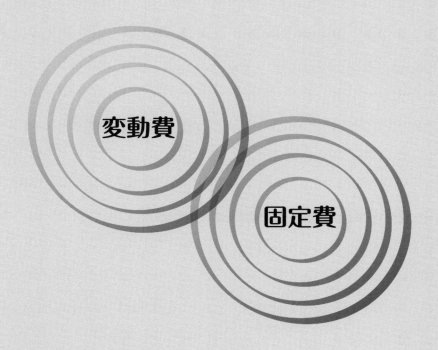

第2章では、変動費・固定費の分離（固変分解）について考えます。併せて、変動費・固定費という区分と、直接費・間接費という区分の違いも確認しておきましょう。両者を混同しないことが、コストダウンと生産性向上を成功させ、強い会社を作るための大前提になるからです。

TASK 06 これからは、「管理目的法」で固変分解しよう

変動費と固定費の区分が「固変分解」です。固変分解を考えることは、会社のあるべき形を考えることでもありますが、今までの会計では粗雑に取り扱われてきました。そのやり直しが管理会計の出発点です。

▶▶「管理目的法」で固変分解をやってみよう！

今までの固変分解は、最小自乗法や勘定科目法といった消極的な方法で行うものだと説明されてきました。しかし会社のあるべき形を考えるなら、管理会計における固変分解はもっと能動的に行われなければなりません。この能動的固変分解を「管理目的法」と呼びましょう。

★管理目的法による固変分解…変動費になる費用

変動費は、会社の活動量に比例して増減する費用です。なぜ比例するかといえば、都度に社外から取り入れられて消費される費用だからです（外部コスト）。そのため変動費は「金額」で管理することができません。代わりに、経営者が定めた「単位原価」によって管理されることになります。**変動費の日々の管理を任されているのは現場の担当者**であり、その管理目標は無駄にせず単位原価を遵守すること（できればさらに節減すること）です。こうした一連の活動がいわゆる「コストダウン」です。

★管理目的法による固変分解…固定費になる費用

固定費は、会社の活動量に比例せずに発生する費用です。なぜ比例しないかといえば、あらかじめ経営者が準備した経営資源（社内資源）を支えるための費用だからです。そのため固定費は、経営者が定めた「金額」で管理されることになります。担当者は定められた金額の範囲で各資源（自分自身を含む）を最大限に有効活用するよう努めます。**これが「生産性向上」といわれる活動**です。経営者は、月次・年次などの区切りで固定費の金額が遵守されていることを確認した上で、各資源（特に従業員）の生産性を評価し、その維持・補強・支援といった意思決定を行って強い会社を作り上げていきます。

▶▶些末な費用は、どのように固変分解するべきか？

全ての費用が管理目的法でしっかり管理されるのが理想ですが、現実には重要性が乏しく（あるいは一部の販売費など）**能動的な管理から漏れてしまう費用**も少なからず存在します。こうしたケースにおいては、最小自乗法（事業の活動量と費用群の発生金額をグラフ化し、数学的に近似線を求める）や、その簡便法としての高低点法・散布図法、さらには勘定科目法（公的に示された区分を参照して決める）などの消極的な方法で固変分解を行わざるをえません。

第2章　固変分離をやり直そう！

ただしこれらの方法は、管理目的法を使えない時の方便だということに注意してください。

変動費と固定費を決めるのは、経営の意思です！

〈能動的な費用管理〉 …管理目的法による区分

①経営者が単位原価を定めた上で、
　日々の管理を担当者に託す費用　➡　**重要な変動費**

②経営者が金額を定めて管理する費用　➡　**重要な固定費**

③能動的管理から漏れた「些末な費用」

➤ 〈消極的な費用管理〉…最小自乗法等による区分

些末な変動費／些末な固定費

【管理の目的が、変動費・固定費の区分を決めます】

重要な変動費（コスト）	
発生様態	活動量に比例する
発生頻度	毎日、都度
管理方法	単位原価の管理
管理目標	できるだけ節減する（コストダウン）
管理責任	担当者（業務的意思決定）

管理しているのは　担当者です

重要な固定費（経営資源）	
発生様態	活動量に比例しない
発生頻度	月次、年次など
管理方法	金額の管理
管理目標	しっかり使って、活かす（生産性向上）
管理責任	経営者（経営的意思決定）

管理しているのは　経営者です

【担当者の仕事と経営者の仕事を混ぜると、事故が起きます】

TASK 07　直接費・間接費の混同に、注意しよう

今まで会計全般の進化が止まってしまっていた背景の1つに、変動費・固定費と直接費・間接費の混同がありました。この混同を解消することこそ、会計の復活と事業成長のカギです

▶▶直接費（直接変動費）とは何かについて、確認しよう！

　国内で広がっている費用区分の混乱を解消するため、直接費・間接費とは何かについて確認しておきましょう。直接費とは、生産活動に指図書等で紐付いて測定される変動費です。「製品○の生産に素材Aを○kg、部品Bを○個使った」など、直接紐付けて測定するのは、消費実績を把握して異常値（消費量差異）を発見し、対策するためです。**こうした原価の取り扱いを「直課」と呼びます**。ただし直接測定には手間とお金がかかるので、重要性が低い変動費は以下のような間接費として管理されることになります。

▶▶間接費（間接変動費）とは何かについて、確認しよう！

　間接費は、生産活動に直接紐付かず、間接的に測定される変動費です。たとえば、生産量に比例して電気代が発生しているにもかかわらず、工場全体に1個しか電力量計が設置されていない場合などが該当します。この場合、製造原価の計算に際しては、全体の発生額を個々の製品に按分するための推定計算をしなければなりません。**こうした計算を「配賦」と呼びます**。配賦は推定計算なので、個々の消費実績に異常（消費量差異）があっても発見することができません（TASK 27参照）。

▶▶変動費と直接費、固定費と間接費の混同を、すっきり解消！

　変動費・固定費は費用の発生様態に基づく区分です。直接費と間接費は費用の測定方法に基づく区分です。また、本来の直接費と間接費は、ともに変動費でもあります。ところがこの2つの区分は、今まで多くの場面で激しく混同されてきました。

★本来なら「変動費発生部門／変動費非発生部門」等と呼ばれるべきものが、慣用的に**「直接部門／間接部門」**と呼ばれてきたことが、混乱の原因になってきた。さらに「販管費」が固定費と間接費の混乱を深めている。
★本来なら「変動費原価計算」と呼ばれるべきだった原価計算が**「直接原価計算」**と呼ばれてきたことも、費用区分の混同に拍車をかけている。

第2章　固変分離をやり直そう！

　この混同は、「間接変動費の配賦」と「固定費の配賦」の混同を経て、結果的に変動費と固定費の混同にも繋がっていきます。コストダウンと生産性向上を成功させるには、こうした費用区分の混同を解消し、変動費と固定費を正しく分離しなければなりません（固定費の配賦もしないということ）。

この混乱を解消しないと、費用管理は成功しません！

【混乱した区分】

		直接費	間接費
変動費		✔ 直接材料費 ✔ 外注加工費 ✔ アルバイトの直接作業費	✔ 間接材料費 ✔ 消耗品費 ✔ 工場全体の電気代 **固定費との混同があった**
固定費		✔ 正社員の直接作業費 **変動費との混同があった**	✔ 正社員の間接作業費 ✔ 工場長の給料 ✔ 減価償却費

【あるべき区分】

		直接費	間接費
変動費		✔ 直接材料費 ✔ 外注加工費 ✔ アルバイトの直接作業費	✔ 間接材料費 ✔ 消耗品費 ✔ 工場全体の電気代
固定費		✔ 正社員の労務費 ✔ 工場長の給料 ✔ 減価償却費	**直接費でも間接費でもない**

売上高
　－直接製造原価…固変の混乱があった
　－変動販売費　…変動費
　＝変動利益　　…変動利益ではない

　－間接製造原価…固変の混乱があった
　－固定販売費　…固定費
　＝貢献利益

　　　　　従来の直接原価計算

売上高
　－重要な変動費　　（変動費）
　－些末な変動費
　＝変動利益…付加価値でもある

　－些末な固定費　　（固定費）
　－重要な固定費
　＝貢献利益

　　　　　あるべき管理会計

【いわゆる「直接原価計算」にも、費用区分の混乱がありました】

19

TASK 08	正しい固変分離が、会社を真に強くする

従来の変動費・固定費、直接費・間接費の区分の混同が、コストダウンや生産性向上の失敗にも繋がっていました。それぞれの費用管理の違いをしっかり理解すれば、新しい活動の切り口が見えてきます。

▶▶「変動費の管理」vs「固定費の管理」…本質的な違いを知ろう！

　従来の固変分離が最小自乗法などの消極的な方法で行われてきたことと、変動費・固定費と直接費・間接費が混同されてきたことには共通の背景があります。それは担当者の仕事と経営者の仕事の違いが正しく認識されず、**管理にけじめがなかった**ことです。改めて両者の違いを整理しておきましょう。

　まず経営者は、事業に必要な経営資源を手配します。ヒト（従業員）、モノ（生産設備）、カネ（資金）が代表的です。これらの資源を支える費用が固定労務費・減価償却費・資本コストなどの固定費になる費用です。能動的な費用管理から漏れてしまう一部の「些末な費用」を除けば、固定費は経営者が定めた金額で管理され、その範囲で最大限の活用が目指されます。これが「生産性向上（しっかり活かす）」と呼ばれる活動です。

　次に経営者は、生産や販売に関わる活動を担当者に託します。この際、管理がでたらめにならないように、販売単価や単位原価を指示しなければなりません。生産と販売が進捗して単位原価が累積したものが変動費ですから、変動費は単位原価に基づいて管理されることになります。また、担当者はできる限りその節減に努めることで付加価値の最大化を目指します。これが「コストダウン（なるべく使わない）」と呼ばれる活動です。

　月次・年次などの区切りにおいて**経営者は**、担当者が稼ぎ出した付加価値を計算し、経営資源（特に従業員）の生産性を評価します。評価が良ければ努力を労い、チームの維持やさらなる強化を目指すことになるでしょう。他方、評価が良くなかった場合には、その原因を分析し、必要なサポートをしなければなりません。こうした活動を通じて強い会社を作り上げ、成長と分配の好循環を実現していくのが**経営者の仕事**です。

▶▶「担当者の仕事」vs「経営者の仕事」…けじめをつけよう！

　厳しい経営環境の中で、変動費・固定費をけじめない「徹底的なコストダウン」や「聖域なき費用削減」が指導される場面が増えました。しかし、健康な体作りを目指すダイエットの目標が決して「体重＝ゼロ（死）」ではないように、会社のコストダウンの目標も**「全ての費用＝ゼロ（会社の死）」**ではありません。変動費と固定費では、管理責任の所在・管理目標・管理方法が全く違うからで

す。コストダウンと生産性向上を成功させるには、変動費と固定費の本質的な違いを理解し、能動的に管理していくことが不可欠なのです。

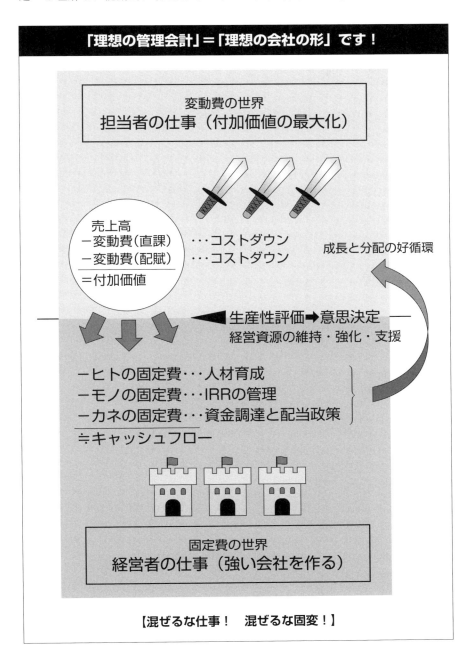

TASK 09　固変分離で、コストダウンの基礎を作ろう

管理目標を定めて実績と比較し、異常値を発見することが、コストダウンの大前提です。ところが従来のP/Lは固変分離に失敗していて、異常値が発見できませんでした。会社の経営に不都合はなかったでしょうか？

▶▶異常値を、発見できていましたか？

たとえば、従来の財務会計のP/L（損益計算書）において、売上高・売上原価・粗利の実績が全て予算の1.2倍になっていた場合、今までの会計常識では「異常はなかった」と判定されることになるでしょう。しかし売上原価は雑多な費用の集合体ですから、個々の費用の内訳を調べなければ本当に異常がなかったのかどうかはわかりません。さらには一歩踏み込んで、それぞれの費用を変動費と固定費に分別しなければ異常値の有無は判別できません。変動費と固定費の分離（固変分離）は管理会計の大原則です。この時、変動費と固定費、直接費と間接費を混同しないようにしなければなりません。これは決してむやみに細かい話ではなく、**経営者が会社（会社の費用管理）をどのように設計していきたいのか**という命題なのです。

従来	変動費≒直接費 固定費≒間接費	あるべき姿	担当者➡変動費（直接測定・間接測定） 経営者➡固定費

▶▶コストダウンに、今までどう取り組んできましたか？

異常値の発見はコストダウンを成功させるための大前提です。なぜならコストダウンとは、管理目標を定めて実績値と比較し、異常な差異を発見したら手当てするという活動の繰り返しだからです。従って、異常値が発見できなければコストダウンも成功しません。変動費・固定費の分離を放棄してしまった財務会計（全部原価計算を採用している）は論外としても、本来なら変動費と固定費の分離を目指していたはずの従来の管理会計（直接原価計算を採用）でさえ、費用区分の混同がありました（TASK 07参照）。さらには原価計算の方法いかんにかかわらず、販管費（販売費および一般管理費）や営業外費用にも含まれている変動費・固定費にも注意を払わなければなりません。

今まで変動費と固定費の分離不徹底が問題にされてこなかった現状は、**各社におけるコストダウン活動の失敗を強く示唆します**。コストダウンを成功させるには、①売上原価（≒製造原価）や販管費の内訳の明示、②変動費と固定費の適切な区分、③変動費については単位原価の管理、固定費については金額の管理、が絶対に必要だからです。会計を変えれば流れは変えられます。

第2章　固変分離をやり直そう！

Q. 今までのP/Lで、異常値が発見できていましたか？

通常のP/L

（異常が見えない）

	予算	実績
売上高	1000円	1200円（×1.2）
売上原価	800円	960円（×1.2）
粗利	200円	240円（×1.2）

原価内訳の明示

（判断ができない）

	予算	実績
売上高	1000円	1200円（×1.2）
費用A	200円	200円（×1.0）？
費用B	200円	240円（×1.2）？
費用C	100円	160円（×1.6）？
費用D	150円	150円（×1.0）？
費用E	150円	210円（×1.4）？
粗利	200円	240円（×1.2）

正しい固変分解

（異常が見えた！）

	予算	実績
売上高	1000円	1200円（×1.2）
変動費A	200円	200円（×1.0）過少
変動費B	200円	240円（×1.2）OK
変動費C	100円	160円（×1.6）過大
固定費D	150円	150円（×1.0）OK
固定費E	150円	210円（×1.4）過大
粗利	200円	240円（×1.2）

【固変分離に失敗すると、異常値を発見できません】

TASK 10　固変分離で、正しい事業計画を立てよう

損益分岐点は経営管理の基本ですが、その前提もまた固変分離の徹底です。
固変分離できていないP/Lではシミュレーションできません。事業計画
も立てられません。使い勝手が悪ければ改良しましょう。

▶▶固変分離を徹底しなければ、事業計画すら立てられない！

　財務会計のP/L（損益計算書）が、「売上高 − 全ての費用 = 利益」ではなく、
いったん売上原価だけを引いて粗利を求め、そこからさらに販売費および一般
管理費（販管費）を引くという**2段構造になっている**ことから、売上高が増減
すれば、それに比例して売上原価や粗利も増減すると見なされがちです
（TASK 01 参照）。しかし実際の売上原価には固定費が混じっているだけでな
く（特に製造業の場合）、その固定費部分の重要性が増しています（設備投資
の高度化など）。他方で、販管費（特に販売費）には変動費が混じっていて、そ
の重要性が増しています（販促活動・納期短縮・情報通信支出の増大などによ
る）。激しく混在している変動費と固定費の分離を徹底し、売上原価と販管費
の区分も見直さなければ、シミュレーションができませんし、いわゆる損益分
岐点も求まりません。結果として適切な事業計画も立てられないのです。今ま
でこれらの問題がクローズアップされてこなかったのは、**経営管理と会計の両
方を同時に見渡せる専門家**が少なかったからでしょう。

▶▶固変分離に関する、その他の論点を知ろう！

　近年、**電気代が徐々に値上がりしています**。電気代を細かく見ると、変動費
的な部分と固定費的な部分が併存していることが多いです。こうした場合は、
無理にどちらかに区分せず、変動費部分と固定費部分に分けて管理しましょう。
変動費部分の管理は、日々の活動の中で、目標の単位原価を超えないよう節減
（コストダウン）に努めることです。他方、固定費部分の管理は、基本料金の高
低やサービス内容を点検して契約全体のパフォーマンスを評価し、契約を継続
するか否かを判断する活動が含まれます。

　一定の生産量を超えた時に**発生しがちな残業代**は、固定労務費の予算差異と
して扱えます（TASK 29 参照）。定時内の労務費に正常に見込まれる残業代を
加算した金額が固定労務費の管理目標となります。そこから残業代が大きく上
回ってしまった場合には、残業許可の仕組みを点検し、問題があれば必要な手
当をしなければなりません。

　変動費と固定費の分離を提案すると「費用収益対応の原則に反する」という
専門家の主張にぶつかることがあります。この点については次の第三章で検討
しましょう。

第2章　固変分離をやり直そう！

Q. 今までの P/L で、シミュレーションできていましたか？

	当期	来期	
売上高	1000円	1200円	（×1.2）
売上原価	750円	900円	（×1.2）
粗利	250円	300円	（×1.2）
販管費	300円	300円	（×1.0）
営業利益	▲50円	▲0円	
		この想定は成立しない	

【今まで ➡ シミュレーション不可・事業計画も立てられない】

	当期	来期		損益分岐点
売上高	1000円	1200円	（×1.2）	1333円
変動製造原価	650円	780円	（×1.2）	867円
変動販売費	200円	240円	（×1.2）	267円
付加価値	150円	180円	（×1.2）	200円
固定製造原価	100円	100円	（×1.0）	100円
固定販売費	100円	100円	（×1.0）	100円
営業利益	▲50円	▲20円		±0円

【これから ➡ シミュレーション可能・事業計画も立てられる】

演習問題

★問題 2-①

B工業の当期の損益は下記の通りであった。昨今の厳しい経営状況の下、来期は売上高 30％増を必達するよう、全社に指示がでている。この目標が達成できた場合の来期の損益がどうなるかを予想せよ。求められない箇所があれば「不明」と記すこと。

単位：万円	現在	来期	
売上高	10,200	×1.3倍	13,260
－売上原価	6,800	×？倍	（　　　　）
＝粗利	3,400	×？倍	（　　　　）
－販売費および一般管理費	4,010	×？倍	（　　　　）
＝営業利益	▲610		（　　　　）

〈答え〉

単位：万円	現在	来期	
売上高	10,200	×1.3倍	13,260
－売上原価	6,800	×？倍	（　不明　）
＝粗利	3,400	×？倍	（　不明　）
－販売費および一般管理費	4,010	×？倍	（　不明　）
＝営業利益	▲610		（　不明　）

「売上原価」「販売費および一般管理費（販管費）」という名称や、両者をわざわざ区別して損益計算をしている紛らわしさから、「売上高が1.3倍なら、売上原価や粗利も1.3倍になる」「販管費は変わらない」と考えていた方はいなかったでしょうか（これは経営計画策定セミナーなどでも見かける失敗です）。残念ながら「不明」というのが本問の正解です。理由は、売上原価が変動費ではなく、販売費および一般管理費（販管費）や営業外費用も固定費ではないこと。従って、売上高が1.3倍になっても、粗利は1.3倍にはならないことに注意してください。売上原価と販管費を区分することは会計的な常識ではありますが、積極的な意味を失ってしまっていると感じます。

★問題 2-②

以下の空欄を埋めよ。
従来の財務会計のP/L（損益計算書）では、経常的な諸費用が売上原価、販管費（販売費および一般管理費）、営業外費用に3区分される。このうち

第 2 章　固変分離をやり直そう！

（　①　）は「売れた商品の仕入れや製造に直接かかった費用」として説明されることが多いが、これでは定義が曖昧で実務にならない。現実には、工場や製造部門で発生した費用が（　②　）となり、期首・期末の在庫金額の調整を経て（　①　）とされるケースが多いようである。次に（　③　）は「商品やサービスの販売に関連する費用や一般管理業務で必要な経費」と説明されることが多いが、この説明も同語反復的で実務に合わない。現実には販売部門で発生した費用が（　④　）、製造部門と販売部門以外で発生した費用が（　⑤　）とされ、併せて（　③　）とするケースが多い。最後に（　⑥　）は「本業以外で発生した費用」として説明され、金融関連費用が該当するとされる。しかしその中にも、純粋な財テクの費用と、本業を推進するために必要な資本コストが混在しているという不都合がある。総じて（　①　）（　③　）（　⑥　）は、過去からの慣例に従った会計区分であるが、昨今の高度化した事業活動の管理には適さない場面が多い。管理会計上の鉄則である変動費・固定費の分離もできていないので、費用区分の整理が必要である。

〈答え〉

①売上原価、②製造原価、③販管費、④販売費、⑤一般管理費、⑥営業外費用

★問題 2-③

　　以下の空欄を埋めよ。

従来の財務会計・管理会計では、直接費・間接費の定義に曖昧さがあり、変動費・固定費との混同もあった。例えば（　①　）は「生産活動に関連して直接的に発生する費用」、（　②　）は「生産活動に関連して間接的に発生する費用」として同語反復的に説明されることが多いが、直接的・間接的とは具体的にどんなことを意味するのであろうか？　実務に照らして整理をすれば、（　①　）は（　③　）等で個別の製品に対する消費量が個別かつ直接的に把握され原価に（　④　）される費用である。これに対して（　②　）は、製造部門全体や工場全体で消費量が間接的に把握され、原価に（　⑤　）される費用である。また、（　①　）（　②　）は消費量の測定が直接的・間接的に行われる費用であることから、いずれも変動費だとわかる。一方、固定費についてはあらかじめ金額が決まっているので、消費量の測定は必要ない。金額的な逸脱の有無のチェックが実務上の固定費管理の入口になる。

〈答え〉

①直接費、②間接費、③製造指図書、④直課、⑤配賦

★補足：技術部門の費用は、売上原価か？　販管費か？

　　技術部門の費用は販管費（一般管理費）とされるケースが多いと思われます

が、技術部門が工場内に置かれている場合などでは、その技術部門で発生する費用を、製造応援とそれ以外の活動に区分しなければならず厄介です。新製品の立上げ等にかかわる固定費も、どこまでが販管費（一般管理費）で、どこからが製造原価になるのか判断が付き難い場面があります。こうした場合、なるべく製造原価を軽く、販管費を重くして、粗利（粗利率）を大きくし、収益性を良く見せることが好まれる傾向があり、経営管理上の弊害を生じがちです。

　近年活動の一体化が著しい製造原価と販管費を区分することは難しいですし、無理に区分する意義すらなくなってきています。第3章で検討しますが、固定費の配賦を止めてしまうなら、なおさら区分の理由はありません。

★補足：直接費と間接費の区分について

　直接費は「生産活動に直接的に関連して発生する費用」、間接費は「生産活動に間接的に関連して発生する費用」等と説明されることが多いようですが、売上原価と販管費の区分の説明と同様、具体的に何をイメージしている説明なのかがわかり難いと感じます。この説明の仕方では、「間接費＝販管費」ということにもなってしまいそうですが（実際に、一般管理部門を「間接部門」と呼ぶのが一般的な慣行です）、これでは適切な費用管理ができません。

　そもそも「間接的に発生している費用」には会計上の意味がありません。地上の森羅万象のうち会計処理の対象になるのは、何らかの方法で測定・把握される費用だけだからです。直接的に（製造指図書などを使って）測定・把握された費用は直接費（直接変動費／直課で管理）となり、間接的に（製造指図書などを使わずに）測定・把握された費用は間接費（間接変動費／配賦で管理）になりますが、両者ともに変動費であることに注意してください。他方、固定費は経営者が金額を決定する費用なので基本的に測定の必要はありません。決められた金額からの逸脱がなかったかどうかだけを確認します。その意味で、固定費には直接費と間接費という区別はありえません。変動費には直接費と間接費の区分があり、固定費にはないという状況を、しっかり整理してください。

★補足：広告宣伝費や出張旅費の固変区分

　販売費系の費用の中には、広告宣伝費や出張旅費など固変区分が難しいものもあります。広告宣伝費は固定費、出張旅費は変動費に区分されるケースが多いかもしれません。固定費に区分した費用は、毎月／期末、パフォーマンスを点検し、契約等の維持・拡大・縮小を経営的に判断することになるでしょう。

　変動費に区分した出張旅費は、費用実績と売上実績をグラフ化し、最小自乗法等で傾き（効果）を求め、その傾き（効果）がなるべく大きくなるように各担当者が管理していくべきものだと思います。

第3章
固定費の配賦を止めよう！

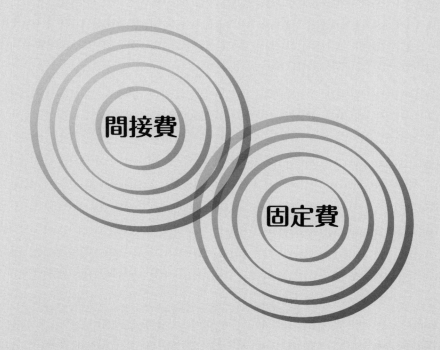

一般に「きちんと損益管理する」＝「精密に固定費配賦する」と誤解されてきたようです。しかし、それは極めて危険な会計処理でした。専門家の方に「ドンブリ勘定を止めましょう」と固定費配賦を指導された時、この第3章の論点を思い出し、議論してみてください。

TASK 11　固定費配賦の危険性を理解しよう（その①）

変動費と固定費の分離徹底とは、すなわち固定費を配賦しないということでもあります。なぜ固定費配賦をすべきではないのかを、数値例を使って考えてみましょう。

▶▶固定費配賦が、黒字の工場を閉鎖に追い込んでいた！

　ある中小製造業の工場では3種の製品を生産していました（製品A・製品B・製品C）。全ての製品が付加価値（変動利益）では黒字で、工場全体でも黒字でしたが、固定費の配賦計算はできていませんでした（右図場面1）。そんなある日、会計専門家の方から「どんぶり勘定はダメです。きちんと固定費を配賦して**各製品の収益性を明らかにしてください**」と指導され、工場の固定費の配賦計算を試みることになりました。配賦は台数基準で行います。すると製品Bの収益性が低く赤字だったと判明しました（場面2）。「収益性の悪い製品が明らかになってよかった！」早速、会社は製品Bを生産中止にしました。ここで改めて原価計算をやり直すと、今度は製品Cが赤字だと判明したので生産中止にしました（場面3）。再度、原価計算をやり直すと、最後の製品Aも赤字だったので生産中止にしました。結局、全ての製品が生産中止となり、それまで黒字だった工場は閉鎖されてしまいました。一体どこで会社は判断を誤ったのでしょうか？

▶▶科学合理的な配賦基準が、存在しなかった！

　実際に、こうした失敗が日本中で繰り返されています。そこには固定費の本質に対する重大な誤解がありました。固定費は、生産活動に先立ち経営者が手配する経営資源であり、その発生は日々の生産活動（担当者が担う活動）とは関係がありません。ですから**科学合理的な配賦基準が存在しない（配賦しようがない）**のです。生産台数／売上高／作業時間／機械占有時間などから配賦基準を無理に選び出して計算することはできますが、先ほどのような失敗に行き着くだけです。

　固定費配賦のもう1つの問題は、配賦で細切れにされた固定費は、その全体像が見えなくなり、経営者が決めた金額が逸脱なく守られているかの確認や各経営資源の生産性管理に支障をきたすことです。「正確性の追求」という理由で多段配賦（2〜5段）を行えばなおさらです。複雑な配賦計算の仕組みはメンテナンスも困難で、**「昔、すごい人が作った精密な計算シート」**がブラックボックス化している事例をしばしば見かけます。そもそも計算諸元（製品構成／設備構成／人員構成／人件費の単価など）が適時にメンテナンスできないような計算シートで、精密な計算や管理ができるはずもありません。

第3章　固定費の配賦を止めよう！

Q. こんな失敗、していませんか（その①）？

場面1
工場は黒字

	製品A	製品B	製品C	工場全体
生産台数	30台	30台	20台	80台
売上高	600	400	400	1600
変動費	360	480	300	1140
付加価値	240	120	100	460
固定費	―	―	―	360
利益	―	―	―	100

場面2
Bを生産停止

	製品A	製品B	製品C	工場全体
生産台数	30台	30台	20台	80台
売上高	600	600	400	1600
変動費	360	480	300	1140
固定費	135	135	90	360
利益	105	▲15	10	100

場面3
Cを生産停止
（その後、Aも生産停止に）

	製品A	製品B	製品C	工場全体
生産台数	30台	0台	20台	50台
売上高	600	0	400	1000
変動費	360	0	300	660
固定費	216	0	144	360
利益	24	0	▲44	▲20

【こうした事例が、実際に起こっています】

TASK 12　固定費配賦の危険性を理解しよう（その②）

「固定費配賦を止めましょう」と提案すると、「費用収益対応の原則に反する」という専門家の根強い主張にぶつかることがあります。そこには固定費の本質に対する理解不足がありました。

▶▶固定費配賦が、経営資源を遊ばせる原因になっていた！

　固定費配賦を行うべき根拠として「費用収益対応の原則」が挙げられることがあります。これは「経営活動の成果と、成果を得るための努力を、対応させて損益計算書に計上しなければならない」と説明される原則ですが、**実は深刻な経営判断の誤りの原因**にもなってきました。今回も数値例で確認しておきましょう。

　ある会社に2つの生産拠点がありました（横浜工場・東京工場）。どちらも製造原価の発生状況は同じでしたが、老朽化で事故の危険が生じたため、会社は設備更新を決定し、たまたま横浜工場から着手しました。その結果、横浜工場の歩留まりが著しく改善したのです。当然、会社は、新鋭の横浜工場を優先稼働するべきだったのですが、**実際にフル稼働になったのは老朽化した東京工場の方でした**。なぜなら、横浜工場で生産すると、設備更新に伴う減価償却費が配賦されて製品の収益性を圧迫し、それが担当者から敬遠されたからです。配賦が担当者に嫌われて、優良な経営資源が有効に活かされないという事例は、枚挙にいとまがありません。正しい結論が導けない計算は無意味かつ有害です。

▶▶「費用収益対応の原則」を適用すべき場面を見直そう！

　上記の失敗は、変動費と固定費（両者は、管理責任の所在・管理目標・管理方法が異なる）を混ぜたことによる典型的な失敗例です（TASK 06参照）。

★**管理目標の違い**：変動費の管理目標は「なるべく使わないこと（コストダウン）」ですが、固定費の管理目標は「しっかり使って活かすこと（生産性向上）」です。先ほどの失敗は、なるべく使わないようにするべき変動費に、しっかり使って活かすべき固定費（減価償却費）を混ぜたことにより生じたものでした。

★**管理方法の違い**：変動費は単位原価で管理し、固定費は金額で管理します。両者を混ぜれば異常値が発見できません。「固定費を配賦しない」＝「固定費が管理できない」という主張がありますが、むしろ正しく固定費を管理するために配賦をしないのです。

★**管理責任の所在の違い**：日々発生する変動費（現場の担当者が管理）と、あらかじめ経営者が手配する経営資源に関わる固定費（経営者が管理）を混ぜたことが、**費用管理の責任分担を曖昧にし**、新鋭工場が積極的に稼働しないといった悲劇を招きます。

第3章　固定費の配賦を止めよう！

Q. こんな失敗、していませんか（その②）

	横浜工場（新鋭）	東京工場（老朽）
売上高	100円×50台	100円×350台
変動費	75円×50台	80円×350台
固定費	10円×50台	0円×350台
損益	15円×50台	20円×350台
	750円	7000円
工場全体	（7750円）	

【今までの原価計算が導く結論（老朽工場を優先稼働する）】

	横浜工場（新鋭）	東京工場（老朽）
売上高	100円×350台	100円×50台
変動費	75円×350台	80円×50台
損益	25円×350台	20円×50台
	8750円	1000円
工場全体	9750円	
固定費全体	1000円	
損益	（8750円）	

【本来あるべきだった結論（新鋭工場を優先稼働する）】

TASK 13　減価償却が危険な処理であることを、知ろう

固定費配賦は危険ですが、その上流の減価償却はさらに危険な会計処理です。償却期間の決定に合理性がなければ、費用計上の先送りにもなり、設備投資判断を甘くします。時限爆弾のような減損の原因にもなります。

▶▶減価償却の危険性を、知ろう！

　減価償却はかなり危険な会計処理です。少し数値を使って考えてみましょう。ここに新たに取得した生産設備（取得原価1000万円、定額法で残額100万円まで償却を予定している）があり、今から減価償却を始めようとしている場合、償却年数を決めなければなりません。とはいえ、それを**科学合理的に決めることは全く不可能**です。例えば、

> ① 2年後に新モデルに買い替えるかもしれない
> ② 税法上では5年償却と規定されている
> ③ できれば10年以上使いたい
> ④ 先代機の実績は20年だった

という状況がある場合、どの償却年数（2〜20年）が正しいのかは決められませんし、選択次第で毎年の減価償却額は大きく変動します。そのうえ、各年に生産されるであろう製品台数についても合理的予測は困難です。仮に過去最小の生産実績が月100台、事業計画が月150台、設備能力が月200台だとすれば、製品1台に配賦される減価償却費は188円〜3750円と暴れます。こんな計算を放置していたら、多くの関係者が1円1銭に汗を流す**コストダウン活動や原価管理活動は台なし**です。設備投資判断は甘くなり、使いすぎたリボ払いのような埋没原価や、業績悪化時に会社にとどめを刺す減損の原因にもなります。

▶▶即時償却を、減価償却の原則にしよう！

　例えばIFRS（国際会計基準）では、経済的便益の消費パターンを反映した減価償却が求められますが、その合理的なパターンについて実地に研究・指導してくれる専門家はなかなかいません。実は、生産技術の世界ですら類似の試み（予防保全）で失敗しているのです。無理に減価償却すれば恣意的になり、**会計数値の信頼性が損なわれます**。こうした状況から導かれる結論は、減価償却の本質は「経済的便益の消費パターンの反映」などではなく、むしろ「税法上の方便」として割り切るべきものだということでしょう。

　最も恣意性がなく経済的実態に近い減価償却方法は即時償却です。特注仕様

で発注された生産設備の大半は使用開始と同時にスクラップ価値でしか処分できなくなるケースが多いなどの理由からです。実際に行う場合には、①1割程度の処分価格を残して一気に償却、②備忘価格1円を残して全額償却、③転売市場がある場合は転売可能と想定される価格まで一気に償却、などからの選択が想定されます（TASK 68 参照）。

Q. 減価償却は、科学的事実ですか？　方便ですか？

	IFRS（国際会計基準）	日本基準
償却方法	経済的便益を消費すると予測されるパターンを反映した方法	使用の様態にかかわらず定率法が多い（除：建物）
償却年数	使用が見込まれる期間	税法基準に従うケースが多いが、実務上は、それを超えて使用することも多い

【技術の世界ですら、消費パターンの予測に成功していません】

取得価額　　　1000万円
減価償却予定額　900万円
残存価額　　　100万円

月産	償却2年 （新型機）	償却5年 （事業計画）	償却10年 （税法規定）	償却20年 （先代実績）
100台	@3750円	@1500円	@750円	@375円
150台	@2500円	@1000円	@500円	@250円
200台	@1875円	@750円	@375円	@188円

【減価償却費の配賦額は、常に大きく変動するので困ります】

TASK 14　売上原価と販管費の区分を、止めよう

売上原価（製造原価）と販管費がわかれているのは、100年前の工場で労使が対立していたからだと思われます。今は全員で協力すべき時代となり、区分する意味もなくなりました。

▶▶売上原価と販管費をわけてきたことの弊害を、知ろう！

売上原価（≒製造原価）と販管費の区分は財務会計の常識ですが、それは財務会計がデザインされた当時の経営環境（労使対立が激しかった）を反映したものだったと考えられます。しかし100年を経て激しい労使対立の時代は終わりました。21世紀の今日は、工場内・外の関係者が協力して品質改善や納期短縮に励み、物価高騰と戦って、新しい事業価値を創り出していくべき時代となっています。同時に、工場内の作業の標準化・自動化が進み、高度な生産装置の操作・保守などを行うようになった生産現場（ブルーカラー）の業務と、それ以外のホワイトカラーの業務の差も小さくなっています。**もはや製造原価と販管費を区別することは困難**で、区別する意義すらなくなりました。むしろこの区別があることが、さまざまな弊害を生んでいる場面がたくさんあります。

★弊害①：経営資源が分断され管理が困難になるとともに、原価計算の数値が大きく暴れる原因にもなっています。例えば製造部門と販売部門の間に共用設備（月60万円発生する社員食堂）があった場合、按分の基準（面積比／人数比／食事単価／食事や商談で占有している時間など）の選び方次第で数値は大きく変動しますが、どれが正解ということはありません。結果として原価計算やP/Lの数字は暴れ、信頼性を損ないます。

★弊害②：費用管理が分断されていると、経営は労使対立の時代の発想に引きずられます。叩かれる人（ブルーカラー）と叩く人（ホワイトカラー）の分断は、叩かれる側のモチベーションを低下させるだけではなく、叩く側の生産性も下げてしまうのです。なぜなら、叩かれる人（ブルーカラー）が存在する限り、**叩く人（叩かれない人／ホワイトカラー）の生産性が真に問われることはない**からです。昨今はロボットやAIの普及で定型作業の価値が低下し、日本のホワイトカラーの生産性や創造力の低さがいよいよ問題になっています。

▶▶最低限、販売費の位置を変えよう！

今後は固定分離の徹底と、ブルーカラー・ホワイトカラーを問わない一元管理が必要ですが、そのハードルが高い場合、**緊急の対応**として「販売費」を一般管理費側から売上原価側に移動させる方法があります。これで固変分離の失敗が若干改善されるとともに、工場だけ叩くという感覚を緩和できるからです。会計は不変の掟ではなく、良い経営判断を導く道具であることを忘れずに。

第3章　固定費の配賦を止めよう！

Q. 古い区分が、費用管理の障害になっていませんか？

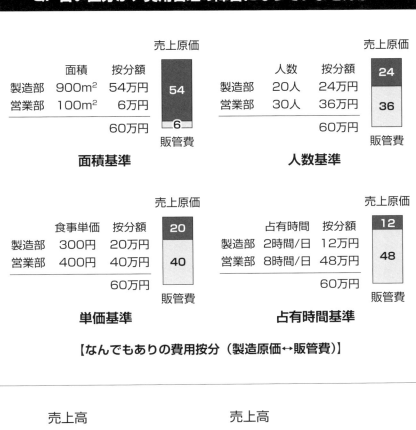

【なんでもありの費用按分（製造原価↔販管費）】

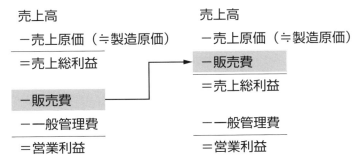

【今まで、販売費の位置が不自然でした】

※従来の売上総利益（粗利）は、いわゆる変動利益ですらなく、「昔からこうだった」という以外の計算意義が認められません。今まで疑問もなく行われてきた会計の「手つかず」に、日本復活の大きな可能性を見ます。会社が危機なら、まず会計を変えましょう。

TASK 15　これからは、事実に基づく経営判断をしよう

いつの時代も、戦いに勝つための大前提は「事実に基づく判断」です。もちろん昨今の厳しい経営環境との戦いにおける成功の前提も「事実に基づく経営判断」です！

▶▶いわゆる「きちんとした原価計算」の弊害を、知ろう！

　一般に、「きちんとした原価計算＝精密な固定費配賦」だと考えられ、専門的な指導が行われてきたことは極めて厳しい現実です。TASK 11〜14で固定費配賦（≠間接費の配賦）にかかわる幾つかの問題点を指摘しましたが、その本質を端的に表現するなら、**無理な固定費配賦は事実に基づかない意思決定の原因になる**のです。

> **TASK 11…各製品間の配賦の不合理**
> **TASK 12…減価償却の配賦の不合理**
> **TASK 13…減価償却そのものの不合理**
> **TASK 14…売上原価（≒製造原価）と販管費の区分の不合理**

　配賦によって操作・調整された会計数値は事実（Fact）からほど遠いものになります。しかも、複雑な配賦計算はメンテナンスが難しく（製品構成／設備構成／人員構成／人件費の単価などの計算諸元がどんどん変わっているのに反映できないなど）、**経理部門の方々ですら計算過程がわからない**といった状況（ブラックボックス化）に陥りがちです。ブラックボックスで計算された数値に基づいて適切な意思決定ができるはずはなく、その意味でも固変分離の徹底は管理会計における譲れない前提だといえます。

▶▶固定費を配賦すべきなのは、こんな場面！

　費用収益対応の原則や固定費配賦（間接費の配賦ではなく）の弊害をいくつか上げてきましたが、実は、固定費を配賦しなければならない場面もあります。それは、

> **① 事業計画や設備投資計画を立てる場面**
> **② これから生産開始する製品の製造原価を見積もる場面**

などです（TASK 17 参照）。その理由は以下の通りです。
★理由①：日々発生する変動費は、経営者から担当者に管理が託されています。

しかし事業の計画段階においては、変動費も経営者が責任を負っているものです（計画を立てるのは経営者であり、その計画に対する最終責任を負うのも当然に経営者なので）。なお、重要な固定費についての管理責任を負うのは、計画段階や実行段階を問わず、常に経営者です。

★理由②：あくまでも「計画」なので、合理的だと期待する稼働年数や生産量を見積り、配賦計算をすることができます（年〇〇個の生産を、〇〇年間続けたいと考える等）。

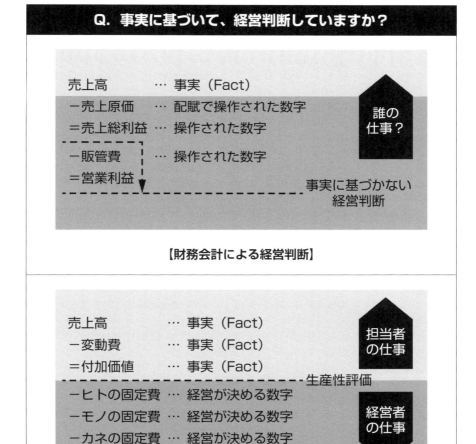

演習問題

★問題 3-①

C工業の当月の製造固定費発生額は360万円だった。これを製品A、製品B、製品Cに配賦した場合の、製品1個あたりの配賦額を求めよ、配賦基準は、個数基準／重量基準／時間基準で比較する。なお、C工業では管理会計を導入していない。

	製品A	製品B	製品C
当月の生産個数	600個	800個	400個
1個あたり製品重量	23 kg	8 kg	12 kg
1個あたり作業時間	5時間	5時間	20時間

	製品Aへの配賦額	製品Bへの配賦額	製品Cへの配賦額
個数基準	@( )円	@( )円	@( )円
重量基準	@( )円	@( )円	@( )円
時間基準	@( )円	@( )円	@( )円

〈答え〉

	製品Aへの配賦額	製品Bへの配賦額	製品Cへの配賦額
個数基準	@(2,000)円	@(2,000)円	@(2,000)円
重量基準	@(3,312)円	@(1,152)円	@(1,728)円
時間基準	@(1,200)円	@(1,200)円	@(4,800)円

※個数基準の場合：360万円÷(600個＋800個＋400個)＝2,000円
※重量基準の場合
　当月の生産総重量：600個×23 kg＋800個×8 kg＋400個×12 kg＝25,000 kg
　360万円÷25,000 kg＝144円（1 kgあたり）
　製品A：23 kg×144円＝3,312円
　製品B：8 kg×144円＝1,152円
　製品C：12 kg×144円＝1,728円
※時間基準の場合
　当月作業時間：600個×5時間＋800個×5時間＋400個×20時間＝15,000時間
　360万円÷15,000時間＝240円（1時間あたり）
　製品A：5時間×240円＝1,200円
　製品B：5時間×240円＝1,200円
　製品C：20時間×240円＝4,800円
※基準で配賦額は大きく変わる。これは固定費の配賦計算に合理性がないから。

第4章
原価計算をやり直そう！

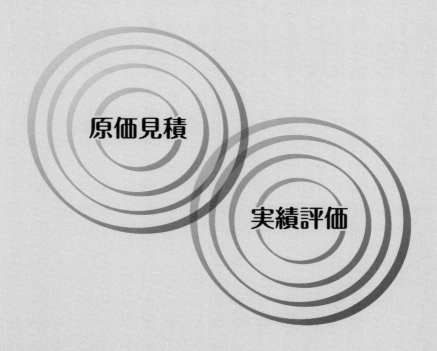

財務会計では、固定費の扱いがバラバラでした。厳しい経営環境と戦わなければならない会社が、専門家に「きちんとした原価計算」を指導され、誤った経営判断に導かれてしまうという失敗を、そろそろ止めにしましょう。

TASK 16　固定費配賦と間接費配賦を、混同しない

> 配賦しないと固定費が管理できないという主張は根強いですが、それは現状において販管費側の固定費が管理されていない可能性があることを強く示唆します。これからは、固定費全体を正しく管理しましょう。

▶▶固定費と間接費を、混同しないようにしよう！

　従来の会計において「固定費≒間接費」という誤解には根深いものがありましたが、

> ① 変動費／固定費は、費用の発生様態に基づく区分（TASK 6 参照）
> ② 直接費／間接費は、費用の測定方法に基づく区分（TASK 7 参照）

という根本的な違いがあります。また、ここでいう直接費と間接費は共に変動費であることに注意してください。直接費は「直接的」に測定され製品原価に直課される変動費であり、間接費は「間接的」に測定され製品原価に配賦される変動費です。一方、固定費については、そのすべてが生産販売活動とは直接のかかわりなく発生する費用ですから、測定の必要がなく、直接費／間接費という区分をする必然性もありません。固定費は常に固定費です。

▶▶固定費配賦と間接費配賦を、混同しないようにしよう！

　変動費と固定費は、まったく別の場面で、別の責任関係の下で発生する費用ですから、相互に関係がありません。そのため固定費を無理に配賦すると配賦額が暴れて原価計算が使い物になりません（そのこと自体が、変動費と固定費には相互に関係がないことの証左です）。操業度の低下などで異常配賦となり、それが売価に転嫁されれば、製品はさらに売れなくなり、さらに操業度が下がるという**負のスパイラルに陥ります**。その一方で、間接費（より正確には「間接変動費」）は生産活動に比例して発生する変動費なので配賦額も暴れません（工場にメーターが１つしかない場合の水道光熱費など）。今までの会計指導には、間接費の配賦と固定費の混同があったことに注意してください。

▶▶固定費は配賦せず、付加価値全体から控除しよう！

　「配賦しないと固定費が管理できない」という根強い指摘がありますが、むしろ**固定費を正しく管理するために配賦をしてはいけないのです（！）**。そもそも財務会計において販管費に属する固定費は配賦されませんから、同じ管理をするだけのはず。もし販管費の管理もできていなかったのであれば、固定費全体の管理を見直しましょう。固定費の管理は配賦ではなく、全体としての発生金額と生産性を問うことで行います（製造固定費・販管費ともに）。

第4章 原価計算をやり直そう！

Q. 固定費配賦と間接費配賦を、混同していませんか？

	生産台数 200 台	生産台数 1000 台
光熱費 （間接変動費）	発生額　　2万円 配賦額　　@100円 数値が安定	発生額　　10万円 配賦額　　@100円 数値が安定
工場長給料 （真の固定費）	発生額　　60万円 配賦額　　@3000円 数値が暴れる	発生額　　60万円 配賦額　　@600円 数値が暴れる

【固定費の配賦は暴れる、間接変動費の配賦は暴れない】

　　　　　　　　　　　　　　　　　　配賦される

売上高
　－売上原価　　　　　　　　　・・・ 変動費＋固定費
　＝売上総利益

　－販売費および一般管理費　・・・ 変動費＋固定費
　＝売上総利益
　　　　　　　　　　　　　　　　　　⬆
　　　　　　　　　　　　　　　　　配賦されない
　　　　　　　　　　　　　　（管理もされていなかった？）

【財務会計では、固定費の扱いがバラバラでした】

43

TASK 17　配賦計算を、正しい場面で使おう

固定費を配賦すべきでないのは、製品の採算性評価や従業員の生産性評価の場面です。一方で、事業計画を立てたり製品原価を見積る時は、固定費を考慮した計算をします。

▶▶固定費配賦をすべき場面／すべきでない場面を、整理しよう！

固定費をきちんと配賦しないと、製品の実力や収益性がわからないという話を伺いますが、固定費の配賦は TASK 11 や TASK 12 のような問題も起こします。どんな場面で固定費を配賦すべきか／すべきでないのかを改めて整理しておきましょう。

▶▶配賦計算をするべきでない場面を、確認しよう！

固定費を配賦するべきでないのは、製品別の採算性や人的生産性の評価の場面です。無理に配賦すると、稼働実績で配賦額が激しく変動し使い物になりません。これは、そもそも固定費が、日々の業務管理とは別の経営的意思決定に属する費用だからです。

★製品の採算性の評価の場面

すでに生産設備が存在している場合、その設備に関わる固定費は変えられません（埋没原価）。それを無理に配賦すると TASK 11～12 のような問題を起こします。ですから、個別製品の採算性の評価（生産を継続するか否かの判断）では固定費を配賦しません。

★従業員の生産性を評価する場面

従業員の固定労務費も配賦しません。生産性を評価するための指標は、配賦額ではなく工場・部門・従業員が稼ぎ出した付加価値と固定労務費との比です（第 10 章参照）。

▶▶配賦計算をするべき場面を、確認しよう！

固定費を配賦すべき場面もあります。それは事業計画や設備投資計画を立てる場面や、自社製品に関する見積りを作成する場面などです。その理由は、あくまでも計画なので、**変動費も固定費も全て経営的意思決定に属している**からです。

配賦計算をするべき場面と、するべきでない場面の根本的な違いは、管理責任の所在の違いにあります。事業計画や設備投資計画の策定や製品原価の見積り段階では、経営者が変動費と固定費の両方に責任を負っています。しかし実際に日々のオペレーションが始まり、**変動費の管理を切り離して担当者に委ね**

てしまった後は、担当者の生産性の評価は変動費の範囲で行わなければなりません。他方、オペレーション開始後であっても、固定費（経営資源）の管理責任は引き続き経営者が負うべきものです。

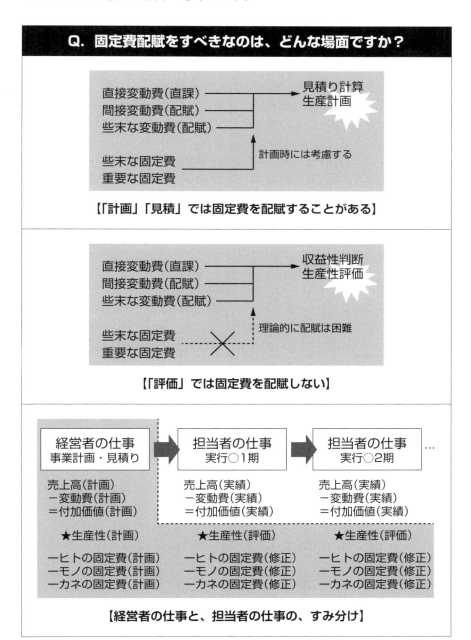

TASK 18　受注の優先順位を、正しく判断しよう

固定費配賦を止めると、原価計算が変わるので、製品の収益性判断も大きく変わってきます。固定費配賦を止めた後の収益性判断がどうなるかについて、確認しておきましょう。

▶▶工程の固定費は配賦で細切れにせず、全体で管理しよう！

　従来、固定費を配賦した後の損益によって、製品毎の生産維持／生産中止を判断しているケース（また、そのように専門家から指導されるケース）が多くありました。しかし、それでは正しい判断ができません（TASK 11 参照）。もし何らかの理由で、特定の工程を維持する／しないの判断を迫られている場合には、工程を支えるために必要な固定費の全体と、その工程を通過する製品群全体が稼ぎ出している付加価値を比較します。もし固定費を賄い切れていなければ、**その工程を通る製品群「全体」の生産中止を判断します。**「全体」で判断するのは、工程を部分的に手放せないからです。

▶▶受注する／受注しないを、正しく判断しよう！

　固定費を配賦しないなら、製品を受注するべき／するべきでない／どの製品を優先的に生産するべき、といった判断をどのように行ったらよいのでしょうか？　工程が空いている／いないで、判断の仕方は変わります。

★工場の工程が空いている場合の判断

　工場の工程が空いている場合には、対象の製品の付加価値を計算してプラスなら受注／マイナスなら受注しないという判断です。この時、固定費について考慮する必要はありませんが、工程全体がそっくり空いているなら、その工程全体を手放すべきかどうかを検討しなければならないでしょう。

★工場の工程が混んでいる場合の判断

　工場の工程が混んでいて他の製品との比較・選択が必要な場合、対象製品の付加価値だけでは優先順位の判断がつきません。客先との関係等で、受注する／しないをある程度自由に決定できる状況にあるなら、最も混雑している工程（隘路工程）の占有時間と各製品の付加価値の比（スループット）を求め、スループットが大きい製品を優先して、受注順位を決めていきます（章末演習問題参照）。

★残業を伴う場合の判断

　ある製品の追加受注のために残業が必要になる場合には、その追加受注によって増加する付加価値額から、その追加受注によって増加する残業代を差し引いた残りの金額を、追加受注の判断基準とします。

第4章 原価計算をやり直そう！

Q. 受注判断に必要な情報は、何ですか？

	製品A	製品B	製品C	合計
生産台数	55台	25台	20台	
1台あたり付加価値	1000円	400円	850円	
製品全体の付加価値	55千円	10千円	17千円	82千円
工程αの固定費配賦	44千円	20千円	16千円	80千円
製品全体の粗利	11千円	▲10千円	1千円	2千円

【従来の判断 ➡ 製品Bの生産を中止する】

	製品A	製品B	製品C	合計
生産台数	55台	25台	20台	
1台あたり付加価値	1000円	400円	850円	
製品全体の付加価値	55千円	10千円	17千円	82千円
工程αの固定費	—	—	—	80千円

【正しい判断 ➡ 製品Bを中止しない。工程αも維持】

	製品A	製品B	製品C
1台あたり付加価値	1000円	400円	850円
1台あたりα占有時間	100分	20分	50分
スループット	10円/分	20円/分	17円/分
優先順位	3位	1位	2位

【生産すべき製品の優先順位 ➡ 製品Bが最優先】

TASK 19　固定費の逃げ回りを、止めよう

「固定費配賦を止めよう」という呼びかけは、そもそも合理的計算が不可能だからです。稼働時間や基準選択で暴れる配賦計算が、費用管理の失敗にも繋がってきました。

▶▶固定費配賦に正解がない理由を、考えてみよう！

従来通りの原価計算を踏まえたディスカッションをすると、「精密な原価計算がしたい」「正しく固定費を配賦するにはどうするべきか」という質問をいただくことが多いです。しかし、残念ながら正しい固定費配賦というものは存在しません。なぜなら、変動費と固定費は、全く別々の場面で**相互に関係なく発生する費用**だからです。

事業計画や見積計算の場面では、配賦類似の計算を行うこともありますが（TASK 17 参照）、この場合の**配賦方法を決めるのは「正しさ」ではなく、経営者の意思**です（○○の設備を、月産○○台の水準で稼働させ、○○の製品1台あたりに、○○の固定費を負担させたいと思う等）。それは、今まで「正しい配賦」という言葉でイメージされてきたものとは、かなり違う計算になるでしょう。

▶▶「逃げ回り」を防止して、固定費管理を成功させよう！

固定費の配賦には正解がありません。それゆえに、今まで意識的／無意識的にさまざまな原価の調整や操作が行われてきました。それは、

① 製品間の固定費配賦の操作
② 固定資産の減価償却の操作
③ 売上原価になるものと販売費及び一般管理費になるものの区分の操作

などによるものです。会計的な操作ではなくても、例えば大がかりな工場の自動化投資によって製造部門の労務費削減を試みた結果、会社全体として固定費や一般管理費が増えただけで（高度な設備を維持するための費用、高額な保全員や技術者の増員などによる）、**損益が全く改善しなかったといった事例**がしばしば見られます。こうした失敗（固定費の逃げ回り）を起こさないためには、費用全体がしっかり見渡せる原価計算や原価管理の仕組の構築が急務です。

① 変動費と固定費をきちんと分離する（製造固定費の配賦を止める）
② 減価償却の恣意性を排除する（償却方法の恣意性、償却期間の恣意性など）
③ 製造原価と販管費を一体的に管理する（活動の分断や区分の恣意性の排除）

第4章　原価計算をやり直そう！

Q. 固定費の管理に、不便を感じていませんか？

	製品A	製品B	製品C	合計
生産個数基準	30万円	30万円	40万円	100万円
生産重量基準	20万円	40万円	40万円	100万円
生産時間基準	25万円	50万円	25万円	100万円
消費電力基準	20万円	20万円	60万円	100万円
販売単価基準 …	50万円	25万円	25万円	100万円

【暴れる数字 ➡ 固定費の配賦に「正解」はありません】

売上高

－売上原価 ・・・　配賦の操作　減価償却の操作　製品A 製品B 製品C ⟺ 固定資産

＝売上総利益　区分の操作 ⇅　減価償却の操作

－販管費 ・・・　固定費 ⟺ 固定資産

＝営業利益

【従来の会計 ➡ 「逃げ回り」と「ブラックボックス化」】

売上高

－全ての変動費

＝付加価値

－全ての固定費　配賦しない　即時償却 ⟵ 固定資産

＝株主利益

【正しい管理会計 ➡ 固定費の「逃げ回り」の防止】

TASK 20　今までの勘定連絡図は、失敗していた

「固変をきちんと分離しましょう」と呼びかけると、「もうやっています！」とも言われがちでした。登場するのは直接原価計算ですが、ここにも従来の会計の混乱がありました。

▶▶いわゆる「直接原価計算」の限界について、理解しよう！

　変動費と固定費の分離を呼びかけると、「もう直接原価計算やっています！」という会話になりがちです。直接原価計算は、簿記の学習などで「変動費による原価計算」として説明され、損益分岐点分析の基礎にもなってきたものです。しかしこの直接原価計算が**「直接原価」という名称を背負っている**が故に、変動費と直接費の混同を招いてきたことはあまり論じられていません。また、あくまでも「原価計算」なので、売上原価と、それ以外の販管費や変動金利の一体管理がやり難かったという限界もありました。

▶▶従来の勘定連絡図の問題点を、知ろう！

　ここまで検討してきた変動費と直接費、固定費と間接費の混同という問題は、今まで広く使われてきた勘定連絡図によっても明らかです。従来の一般的な勘定連絡図では、材料・労務費・経費のそれぞれが「直接費／間接費」に区分されてはいますが、「変動費／固定費」に区分されたものを見かけることは、ほとんどありません。

▶▶あるべき勘定連絡図を、考えてみよう！

　あまり見慣れない形の勘定連絡図かもしれませんが、真に変動費と固定費を分離した勘定連絡図とは、まず、入口で変動費と固定費を区分した上で、さらに変動費を直接変動費と間接変動費に区分し、直接変動費は直課、間接変動費は配賦をする流れになります。一方、固定費については配賦計算を経由せず、そのまま損益計算に直行するという姿になるはずです。固変分離を正しく行うためには、仕訳のやり方に遡った修正が必要です。

仕掛品

月初棚卸	
直接材料費	完成品原価
直接労務費	（製造原価）
直接経費	
製造間接費	月末棚卸

（補足）
従来の勘定連絡図には2つの問題がありました。
① 固定費と間接費が混同され、両者が混在した状態で配賦されているという問題（TASK 20 のテーマ）
② 直接材料費、直接労務費、直接経費、製造間接費が合算され（合計転記）、原価の内訳がわからなくなってしまうという問題（TASK 27 を参照）

第4章 原価計算をやり直そう！

Q. やりたかったのは固変分離ですか？ 直間分離ですか？

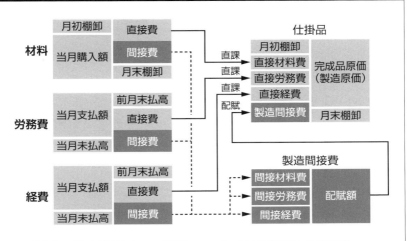

【従来の勘定連絡図 ➡ 分離していたのは直接費と間接費】

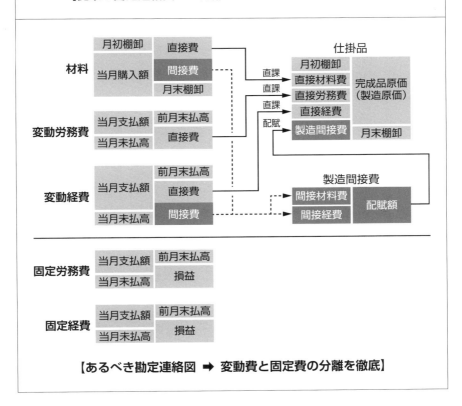

【あるべき勘定連絡図 ➡ 変動費と固定費の分離を徹底】

演習問題

★問題 4-①

D工業の損益計算書（全部原価計算に基づくもの）から損益分岐点を求めなさい。なお、本問の損益分岐点とは営業利益が±ゼロとなる売上高のこととする。

単位：万円	現在
売上高	10,200
－売上原価	6,800
＝売上総利益	3,400
－販売費および一般管理費	4,010
＝営業利益	▲610

〈答え〉 求められない

★問題 4-②

D工業の損益計算書（いわゆる直接原価計算に基づくもの）から損益分岐点を求めなさい。なお本問の損益分岐点とは営業利益が±ゼロとなる売上高のこととする。

単位：万円	現在
売上高	10,200
－直接製造原価	5,400
－変動販売費	2,100
＝変動利益（？）	2,700
－間接製造原価	1,400
－固定販売費	610
－一般管理費	1,300
＝営業利益	▲610

〈答え〉 求められない

直接原価計算という名称の故に、「直接原価＝変動費」という根強い誤解があります。簿記試験の出題においても同様。しかし実際には、直接製造原価は変動費ではなく、間接製造原価も固定費ではないので、損益分岐点となる売上高は求められません。費用区分の根深い混乱を解消するには、「直接原価計算」「直接部門」「間接部門」（TASK 07 参照）といった慣用的な呼称をすっかり止めてしまうしかないのではないかと感じます。

52

第4章 原価計算をやり直そう！

★問題4-③

E工業では、全部原価計算や直接原価計算の問題点を解消すべく、費用の組み換えを行って変動費と固定費をしっかり分離した。ところで今期、E工場は売上高を増やして安全余裕率20％を確保しようとしている。達成すべき売上高を求めた上で、下記の損益計算を完成させなさい。なお、ここでいう安全余裕率とは、目標売上高から何パーセント売上高が減少したら損益分岐点を下回ってしまうのかという余裕を示す数値である。

単位：万円	現在	損益分岐点 安全余裕率0％	目標売上高 安全余裕率20％
売上高	20,400	（　　　）	（　　　）
－全ての変動費	15,300	（　　　）	（　　　）
＝付加価値	5,100	（　　　）	（　　　）
－全ての固定費	6,620	6,620	6,620
＝営業利益	▲1,520	0	（　　　）

〈答え〉

付加価値率 ＝ 付加価値 ÷ 売上高 ＝ 5,100万円 ÷ 20,400万円 ＝ 25％
損益分岐点売上高 × 付加価値率 ＝ 固定費　という関係が成り立つので、
損益分岐点売上高 ＝ 固定費 ÷ 付加価値率 ＝ 6,620万円 ÷ 25％
　　　　　　　　 ＝ 26,480万円
この時の変動費は 26,480万円 ×（75％）＝ 19,860万円
この時の付加価値は 26,480万円 － 19,860万円 ＝ 6,620万円

安全余裕率20％の売上高においては、「売上高×80％＝損益分岐点売上高」となる。
達成すべき売上高 ＝ 26,480万円 ÷ 80％ ＝ 33,100万円
この時の変動費は 33,100万円 ×（75％）＝ 24,825万円
この時の付加価値は 33,100万円 － 24,825万円 ＝ 8,275万円

単位：万円	現在	損益分岐点 安全余裕率0％	目標売上高 安全余裕率20％
売上高	20,400	（ 26,480 ）	（ 33,100 ）
－全ての変動費	15,300	（ 19,860 ）	（ 24,825 ）
＝付加価値	5,100	（ 6,620 ）	（ 8,275 ）
－全ての固定費	6,620	6,620	6,620
＝営業利益	▲1,520	0	（ 1,655 ）

★問題 4-④

一般に、目標の安全余裕率を達成する方法は、売上高を伸ばす方法（問題 4-③で検討済み）以外に 3 つある。そのそれぞれについて下記の空欄を埋めなさい。

◆方法 2：変動費のコストダウンで付加価値率を上げる方法
　目標の損益分岐点　　：（　　　　　　　）万円
　損益分岐点の付加価値：（　　　　　　　）万円
　目標の付加価値率　　：（　　　　　　　）％
　目標の変動費　　　　：（　　　　　　　）万円
◆方法 3：売価アップで付加価値率を上げる方法
　損益分岐点の付加価値：（　　　　　　　）万円
　目標とする付加価値　：（　　　　　　　）万円
　目標の売上高　　　　：（　　　　　　　）万円
◆方法 4：生産性を高め、固定費を減らす方法
　現状の付加価値　：（　　　　　　）万円
　目標の固定費　　：（　　　　　　）万円
　新しい損益分岐点：（　　　　　　）万円

〈答え〉

◆方法 2…変動費のコストダウンで付加価値率を上げる方法
　目標の損益分岐点：20,400 万円 × 80 ％ = 16,320 万円
　損益分岐点の付加価値：6,620 万円
　目標の付加価値率：6,620 万円 ÷ 16,320 万円 = 40.6 ％
　目標の変動費：20,400 万円 ×（100 ％ － 40.6 ％）= 12,125 万円
◆方法 3…売価アップで付加価値率を上げる方法
　損益分岐点の付加価値（＝現状の固定費）：6,620 万円
　目標とする付加価値：6,620 万円 ÷（100 ％ － 20 ％）= 8275 万円
　目標の売上高：
　　　　　20,400 万円 +（8,275 万円 － 5,100 万円）= 23,575 万円
◆方法 4…固定費を減らす方法
　現状の付加価値：5,100 万円
　目標の固定費：5,100 万円 ×（100 ％ － 20 ％）= 4,080 万円
　新しい損益分岐点：20,400 万円 ×（100 ％ － 20 ％）= 16,320 万円

こうした分析も、変動費と固定費が正しく分離されていればこそです。

第5章
目標のKPIを見直そう！

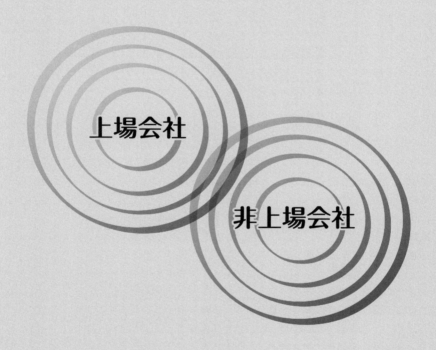

多くのKPIが、財務会計の株主利益を軸にして作られていましたが、これからは付加価値を軸にしたKPIを使っていきましょう。付加価値の管理こそが、会社の競争力を高め、成長を軌道に乗せ、資金繰りを本質的に改善していく道です。今まで粗雑に扱われてきたKPIを見直して、厳しい時代を力強く生き抜きましょう。

TASK 21　WACCを周知し、その達成を目指そう

上場会社の根本的責任はWACC（資本コスト）達成ですが、仮に非上場会社であってもWACCを管理しなければ、資金調達や事業承継に支障をきたします。しかし、利益に比べてWACCは影の薄い存在でした。

▶▶WACC（ワック）は、会社が担う根本的な責任！

　不思議と着目されてきませんでしたが、会社が達成すべき最も根本的責任の値は資本コスト（WACC）の達成です。財務会計がデザインされた20世紀初頭は、多くの会社の所有と経営が一致していました。しかし事業が拡大し複雑化するにしたがって、**所有と経営の分離が進みました**。会社の所有者（株主）は経営に直接参加しなくなり、短期に株式を売買するケースが増えたのです。昨今の株主の主たる関心は、株式投資に対するリターン（実質的な利子）です。その結果、自己資本（「自己」資本という呼称は現状に合っておらず誤解を招くので、積極的に株主資本等と呼ばれるべきもの）と他人資本（銀行からの借入金等）の性質が接近し、全体を一体的に取り扱うべきケースが増えました。これが加重平均資本コスト（WACC）です。すなわち会社の目標は、**単なる利益ではなく、WACCを達成すること**です。達成しなければ、株価は下落して敵対的買収の餌食となり、会社が消滅することもあるというのが、資本主義の根本原理です。

▶▶非上場会社でも、事業承継にかかわってくる！

　WACCは、借入金利等の他人資本のコストの実績と、株主の要求リターン（CAPM理論などで算出される）である自己資本のコストから算出するのが一般的です。計算が難しいケース（例えば中小製造業や非上場会社など）であれば10％程度を目処にするとよいでしょう。通常は資金提供者の負うリスクの差により、他人資本のコストより自己資本のコストの方が高いです。しばしば自己資本（社内留保された利益剰余金など）が会社のタダ金（死蔵金）だと誤解されているケースが多いので、注意しなければなりません（自己資本比率が50％を越えるべき理由等の説明において見かける誤解です）。

　このことで、オーナー企業の方（所有と経営が分離していない）から、「**私が了解していれば、自己資本のコストはゼロでよいですか？**」という質問をいただくことがあります。もちろん結論はオーナーの考え方次第ですが、「自己資本コスト＝ゼロ」という状況は、資金調達や事業承継に支障をきたすことがあるので注意しなければなりません。これから高いリスクを背負って事業を承継しようと志す後継者候補の方が、「自己資本コスト（株主資本へのリターン）＝ゼロ」の会社に魅力を感じるケースは多くないでしょう。

第5章 目標のKPIを見直そう！

Q. WACCを意識して、目標設定していますか？

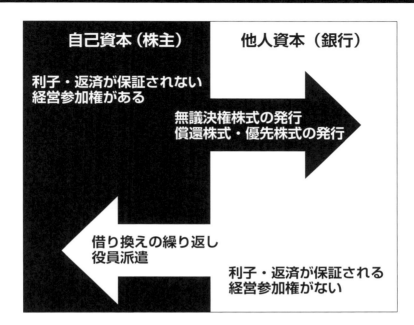

【資本コストが一体管理される背景】

売上高
－変動費
＝付加価値

－ヒトの固定費（固定労務費）
－モノの固定費（即時償却費）
－カネの固定費（銀行の固定金利）⎫
－カネの固定費（株主期待）　　　⎬ WACC相当部分 (※)
＝株主利益（期待を越えた部分）

※B/S上の他人資本（固定負債）と自己資本の管理目標額に、目標のWACC
（10%など）を乗じて求めます。（第12章末演習問題参照）

【管理会計とWACCの関係】

TASK 22　本当の損益分岐点を、目標にしよう

損益分岐点分析は管理会計の重要テーマであり、必ず取り上げられるものですが、固変分離の不徹底や、勇気ある経営革新で WACC の達成を目指してこなかったという失敗がありました。

▶▶WACC 達成を目指すと、赤字・黒字の判断が変わる！

　会社の事業目標が利益ではなく WACC だということをしっかり受け止めれば、損益分岐点も変わってきます。今までは株主利益が 1 円でも出れば黒字（経営責任を果たした状態）といわれましたが、WACC を考慮すれば、自己資本（株主資本）に期待されるリターンまで達成しなければ黒字（経営責任を果たした状態）とは言えなくなるからです。WACC が達成されなければ、**会社の株価は本質的には上昇しません**し、日本全体で株式運用等によって支えられている年金の崩壊や、退職金の運用失敗に繋がることにもなります。

▶▶自己資本は高コストな資金であることを、確認しよう！

　自己資本比率の目標設定について説明する場面で「自己資本は返済不要で利子もない安定資金」等と説明されることがありましたが、それは誤解です。自己資本（**会社に内部留保されている利益剰余金など**）は、株主から運用を託されている資金であり、決して「返済も利子もない会社のタダ金」ではありません。また、本来は自己資本の方が、他人資本（銀行借り入れなど）より高コストです。その理由は、①株式投資のリスクが大きいこと（株式は元利保証がなく、紙くずになることがあり、配当も保証されない）や、②配当は税法上の費用にならない、などです。無借金経営が常に良いわけではありません。

▶▶正しい管理会計で、本当の黒字を達成しよう！

　WACC 達成を目指して、社内の全ての活動を統合しましょう。会社は変動費を消費して売上高を実現し、差額の付加価値を手にします。この付加価値は、ヒト（固定労務費）、モノ（即時償却費）、カネ（WACC）に分配されて会社の活動を支えます。付加価値でヒト・モノ・カネの固定費が賄えていること（最終的に手許に残るキャッシュフローがプラスであること）が確認できたら、会社は経営目標を達成できたといえます（真の黒字）。

（参考）最終的に手許に残るキャッシュフローを求める場合、「①上記キャッシュフローから即時償却（TASK 13 参照）の償却残額を減算した上で（割賦払いであれば、その支払いスケジュールも考慮した上で）、② WACC のうち配当しなかった部分を加算する」必要がありますが、説明の簡便化のため、ここではその過程を省略しています。

第5章 目標のKPIを見直そう！

Q. 本当の経営目標は何ですか？ それは達成されましたか？

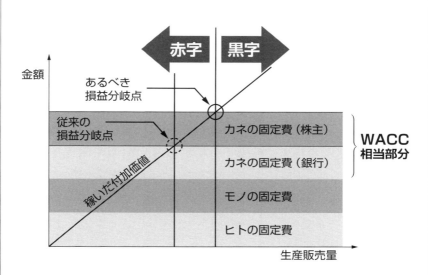

【WACCを目指すと、赤字・黒字の判断が変わります】

売上高
－全ての変動費
＝付加価値

－ヒトの固定費（固定労務費）
－モノの固定費（即時償却費）
－カネの固定費（WACC）
＝株主利益（期待を超えた部分）

－即時償却残額
＋WACCのうち配当しなかった部分
＝キャッシュフロー

売上高
－全ての変動費
＝付加価値

－ヒトの固定費（固定労務費）
－モノの固定費（即時償却費）
－カネの固定費（WACC）

≒キャッシュフロー

（参考）付加価値とキャッシュフローの関係

TASK 23　会社の成長を、付加価値で可視化しよう

固定費配賦で P/L が歪んでいるために、C/F を重視する流儀があります。
しかし C/F にも使い勝手の悪さがありました。そもそも固定費を配賦し
なければ、P/L はこんなに酷く歪みません。

▶▶C/F（キャッシュフロー計算書）が導入された背景を、知ろう！

「黒字倒産」という言葉があります。事業は順調（黒字）なはずなのに会社が
倒産してしまうことがあるのは、

① 利益の計上とお金の流れ（キャッシュフロー）に時間差があること
② P/L 上の利益が、さまざまな会計的操作で著しく歪み、実態を示せてい
　ないこと

などの理由からです。そこで、歪んだ P/L を補足し、操作の余地のない事実
（キャッシュフロー）を明らかにする必要性から、C/F（キャッシュフロー計算
書）の作成が要請されるようになりました。

▶▶C/F（キャッシュフロー計算書）の限界を、知ろう！

　ところが、事実重視の C/F（キャッシュフロー計算書）にも使い勝手の悪さ
がありました。なぜならキャッシュフロー（営業活動のキャッシュフローに限
っても）は、売上債権の回収や仕入債務の決済などで**金額が逐一的に変動し、
事業の成長を安定的に示せない**からです。そもそも C/F（キャッシュフロー計
算書）は、経営管理を支えるために導入が要請されたものではありません。経
営課題を明らかにし、必要な手当てしていくためのツールが別途に必要なので
す。それが管理会計が担うべき重要な役割です。

① 変動費と固定費をきちんと分離し、固定費の配賦もしない
② 売上原価と販管費を分断せず、サプライチェーン全体を一体管理する
③ 減価償却は即時償却を原則とする
④ 併せて WACC 全体の達成状況も示せることが望ましい

▶▶C/F〜資金繰表〜管理会計の役割分担を、確認しよう！

　実は、手許資金（キャッシュ）の管理の場面でも C/F（キャッシュフロー計
算書）の使い勝手はあまりよくありませんでした。それは、① C/F（キャッシ
ュフロー計算書）の主たる作成目的が、**操作で歪んだ P/L の情報を補うこと**で
あり、②そもそも歪んだ P/L（信頼性の低い P/L）を出発点とし、それを修正

する形で作成されていることによるわかり難さもある、などの理由によるものです。ですから未来に向かう手許資金の管理を行うには、C/F では足りず、資金繰表も作らなければなりません。

Q. 成長って何ですか？　それは達成されましたか？

	今までの姿 （不完全な 2 つの財務諸表）		あるべき姿 （1 つのきちんとした P/L）	
成長管理	1. 財務会計の P/L （歪みがあった）	△	管理会計の P/L （成長が管理できる）	○
	2. 財務会計の C/F （歪んだ P/L を補足する）	△		
資金管理	資金繰表を使う	○	資金繰表を使う	○

【事業の成長は、管理会計で管理します】

			年　　月	年　　月	年　　月	年　　月	年　　月
	前期繰越高						
経常収支	収入	現金売上 売掛金回収 手形入金					
		計					
	支出	現金仕入 買掛金支払 支払手形決済 人件費 その他支出					
		計					
	小計						
	設備投資支出						
財務収支	新規借入（長期） 新規借入（短期）						
	計						
	借入返済（長期） 借入返済（短期）						
	計						
	小計						
	次期繰越高						

【手許資金は、資金繰表で管理します】

| TASK 24 | 新しいKPIで、人を育て会社を強くしよう |

多くの財務KPIが、ヒトをコストとして扱い、育成の視点を欠いていました。しかし日々の事業活動を支える人の頑張りを評価して育成しなければ、強い会社は作れません。

▶▶利益だけでKPIを組み立てても、会社の実力は測れない！

　財務会計には、事業の力を評価するための多くの重要KPIがあります。しかし、これらのKPIだけでは「成長と分配の好循環」を起こせない幾つかの理由がありました。

★理由①：財務会計や財務KPIだけでは付加価値が読み取れません。そのため、ヒトの生産性を正しく評価して強い会社を作っていくことができません（第10章参照）。

★理由②：従来の財務会計のKPIは、従業員への付加価値分配をコストとして扱ってきたため、人材育成の視点を持つことができません（第11章参照）。

★理由③：財務会計は、付加価値の分配方法の操作によって利益を操作できるので、事業の真の実力や危機を明らかにすることができません（TASK 02参照）。

★理由④：財務会計においてC/F（キャッシュフロー計算書）が導入されたのは比較的最近ですが、導入の理由の1つは、さまざまな会計操作で歪んだP/Lの利益の信頼性が低かったからでした。**信頼性の低いP/Lの利益**に基づいて計算される財務KPIにも当然に歪みは生じていますから、なんらかの手当が必要です（TASK 70参照）。

▶▶利益ではなく、付加価値の視点が必要！

　従来のROA（総資産利益率）は総資産に対する株主利益の比率を示すものですが、分母が会社の総資産、分子が株主利益（付加価値の株主への分配額）となっている点でアンバランスでした。他方、ROE（自己資本利益率）は、株主資本に対する株主利益の比率を示すものだという点でバランスはよいのですが、**付加価値分配の操作による利益の歪みを免れることはできません**。最もバランスがよく、会社の実力をしっかり示せるKPIは、分母を総資本、分子を付加価値全体としたものでしょう（右図の**新ROA**）。

▶▶ヒトを過度にコスト視してきたことの問題を、知ろう！

　もちろん会社の目標は利益を出すことですが、従来の財務KPIはヒトを過度にコスト視し、ヒト（従業員）から取り上げて利益を増やすという内向きな発

想を生みがちでした。これでは日本の GDP は伸びません。21 世紀は**人を育てててイノベーションを起こし**、外部環境の厳しさを一緒に乗り切っていくべき時代です。その意味でも「新 ROA」の発想が必要になっています。

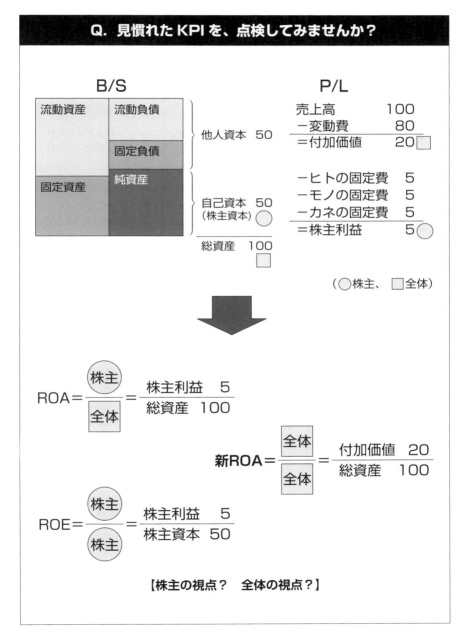

TASK 25　30年間の失敗を、もう繰り返さない

今まで多くの「変革」が失敗してきたのも、人を過度にコスト視してきたからです。決して甘やかすという意味ではありませんが、人を大切にして育てなければ会社はジリ貧です。

▶▶増やそうとするほど利益が減ってしまうという構図を、知ろう！

　厳しい経営環境の下、リストラなどで労務費（ヒトへの分配）を削減し、株主利益（あるいは EBITDA などの財務数値）の改善を図ろうとする「変革」が試みられてきました。しかし国内経済は 30 年間も停滞し、「変革」は成功していないように見えます。その根本原因は、短絡的な労務費削減によって**株主利益を増やせる効果が一時的**なものだからでしょう。例えば早期退職者を募れば、行動力のある有意の人材が失われます。早期退職者を募ったことで、残ってくれた方々のモチベーションも下がります。次第に業績が悪化して付加価値が減少し、さらなるリストラが必要になるという悪循環（縮小と衰退の悪循環）に陥るリスクが高いのです。結果として「変革」によって増えるはずだった株主利益（株主への分配）も減少してしまうことになります。こうした失敗の本質は、事業活動を支えてくれている人を過度にコスト視し、**経営資源として育成する視点を欠いていた**ことです。その背景には、コスト（変動費）と資源（固定費）をきちんと分離せず、①付加価値を稼ぎ出す過程、②それを分配する過程、③各経営資源の生産性の良否、を積極的に可視化してこなかった会計（財務会計と古い管理会計）の限界がありました。

▶▶生産性向上と賃上げ可否の判断について、知ろう！

　昨今の物価高騰で賃上げが要請される場面が増えましたが、実際に賃上げが可能かどうかを判断するには付加価値の増減に関する情報が必要になります。物価高騰で変動費が上昇し付加価値が減っている状態で賃上げを強行すれば、会社と従業員が共倒れになり、双方にとっての不幸な結末となるリスクがあるからです。こうした事態を回避し、成長と分配の好循環を実現するには、経営者と従業員が、**常に付加価値を軸としたコミュニケーション**に務め、その最大化と生産性向上を共に目指していかなければなりません。このコミュニケーションを成立させ、正しい目標に向かって従業員を動機付けるには、付加価値を可視化した正しい管理会計が必要です。現状は厳しくても、付加価値という目標を共有し、**共に成長している実感を持つ**ことが人材を育てるからです。勤勉な日本の生産性が伸びない、GDP が増えない、賃上げが困難といった問題の共通の背景には、付加価値を可視化してこなかった会計の努力不足がありました。

第5章 目標のKPIを見直そう!

Q. ヒトの力を、正しく伸ばせていますか?

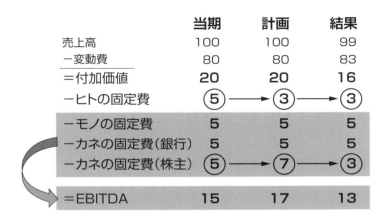

【今までの変革の失敗(縮小と衰退)】

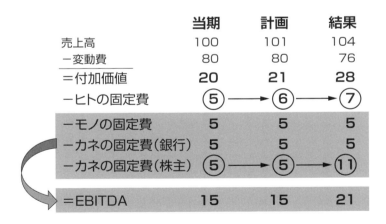

【目指すべき変革の姿(成長と分配)】

演習問題

★問題 5-①

　F工業では製品A、製品B、製品Cを生産している。各製品の販売データや標準製造原価は以下の通りである。

	製品A	製品B	製品C
月間の最大需要	50台	50台	7台
先月の生産・販売実績	41台	22台	7台
1台当たり機械占有時間※1	4時間	1時間	2時間
1台当たり作業時間※2	1時間	1時間	1時間
販売単価	18万円	18万円	60万円
1台当たり変動製造原価※3	10万円	14万円	36万円
1台当たり固定製造原価※4	5万円	5万円	5万円
1台当たり粗利	3万円	▲1万円	19万円

※1) 機械稼働可能時間：月200時間
※2) 1台当たり作業時間：主要な工程は自動化されている。必要な作業は材料の準
　　 備、機械装置へのセット、機械装置からの取り出しなどであり、どの製品の作業時
　　 間（直接作業）も基本的に同じ。
※3) 1台当たり変動製造原価：主に材料費
※4) 1台当たり固定製造原価：過去の実績に基づいて決定された製造部門の固定費。
　　 作業者の固定労務費、設備の減価償却費、管理者の固定費など月450万円を、去
　　 年の生産実績（月90台）で除し、1台5万円の配賦としている。

〈設問〉

　全部原価計算により各製品の収益力を判定し、生産維持／中止の意思決定をせよ。

	製品A	製品B	製品C	工場全体
生産販売台数	41台	22台	7台	70台
売上高	738万円	396万円	420万円	1554万円
変動製造原価（直課）	410万円	308万円	252万円	970万円
固定製造原価（配賦）	（　　　万円）	（　　　万円）	（　　　万円）	（　　　万円）
売上総利益	（　　　万円）	（　　　万円）	（　　　万円）	（　　　万円）
固定費操業度差異				（　　　万円）
最終的な工場の損益				（　　　万円）

〈答え〉

　全部原価計算で各製品の損益を求めると、製品Aと製品Cは粗利で黒字、製品Bは赤字となるので、製品Aと製品Cは生産維持、製品Bは生産中止と判

66

第5章　目標のKPIを見直そう！

断されることになる。

	製品A	製品B	製品C	工場全体
生産販売台数	41台	22台	7台	70台
売上高	738万円	396万円	420万円	1,554万円
変動製造原価（直課）	410万円	308万円	252万円	970万円
固定製造原価（配賦）	（205万円）	（110万円）	（ 35万円）	（ 350万円）
売上総利益	（123万円）	（−22万円）	（133万円）	（ 234万円）
固定費操業度差異				（−100万円）
最終的な工場の損益				（ 134万円）

固定製造原価の配賦額の計算
　製品A：41×5＝205、製品B：22×5＝110、製品C：7×5＝35

★問題5-②

　問題4-①の意思決定を行うと、F工業の損益はどのように変化するか？

〈答え〉　意思決定前　134万円　意思決定後　46万円（88万円の減少）

赤字に見える製品Bを生産中止すると、全体の損益は悪化します。これは、合理性のない固定費配賦によって判断を誤り、製品Bの付加価値88万円（＝396万円−308万円）を失うことによる業績悪化です。

★問題5-③

　F工業で生産している製品A、製品B、製品Cの販売データや製造原価の設定は問題5-①と同じである。

現在の損益（変動費と固定費をきちんと分離した損益）

	製品A	製品B	製品C	工場全体
生産販売台数	41台	22台	7台	70台
売上高	738万円	396万円	420万円	1,554万円
変動製造原価	410万円	308万円	252万円	970万円
付加価値	328万円	88万円	168万円	584万円
製造部門の固定費				450万円
最終的な工場の損益				134万円

〈設問〉
　プロダクトミックスを改善してF工業全体の利益を最大化する方法を検討せよ。

67

〈答え〉

　まず、全ての製品が付加価値（変動利益）が黒字であることを確認する。製品Bも付加価値は黒字なので、この段階で生産中止と判断する理由はない。製品A、製品B、製品Cを全て最大需要まで生産すると機械占有時間は50台×@4時間＋50台×@1時間＋7台×@2時間＝264時間となり、200時間を超えてしまう。そこで作るべき製品の取捨選択が必要になる。機械装置の稼働時間に制約があるので、機械装置の稼働時間当たりの付加価値（スループット）が大きいものから順番に工程を埋めていけばよい。

	1台当たりの付加価値	スループット
製品A	18万円－10万円＝8万円	8万円÷4時間＝2万円／時（3位）
製品B	18万円－14万円＝4万円	4万円÷1時間＝4万円／時（2位）
製品C	60万円－36万円＝24万円	24万円÷2時間＝12万円／時（1位）

STEP 1

　スループットが最大なのは製品Cなので、最大需要まで製品を作る。
　機械占有時間：7台×@2時間 ＝14時間
　残った時間：200時間 － 14時間＝186時間

STEP 2

　次にスループットが大きいのは製品Bなので、最大需要まで製品を作る。
　機械占有時間：50台×@1時間 ＝ 50時間
　残った時間：186時間 － 50時間＝136時間

STEP 3

　最後に残った136時間でスループットが最も低い製品Aをできる限り作る（機械装置の制約から最大需要までは作れない）。作れる台数は34台（＝136時間÷4時間）となる。これが利益を最大化する製品ミックスである。
　以上の状況を表にまとめる。

	製品A	製品B	製品C	工場全体
生産販売台数	34台	50台	7台	91台
売上高	（612万円）	（900万円）	（420万円）	（1,932万円）
変動製造原価	（340万円）	（700万円）	（252万円）	（1,292万円）
付加価値	（272万円）	（200万円）	（168万円）	（640万円）
製造部門の固定費				（450万円）
最終的な損益				（190万円）

　最終的な工場の損益は、134万円から190万円に改善した。

第 5 章　目標の KPI を見直そう！

★問題 5-④

　F工業では、プロダクトミックスの改善（演習 5-③）を実践したものの、工場損益が想定ほど良くならなかった（営業利益は悪化した）ことが問題になった。

〈プロダクトミックス改善前の損益〉

	製品 A	製品 B	製品 C	会社全体
生産販売台数	41 台	22 台	7 台	70 台
売上高	738 万	396 万円	420 万円	1,554 万円
変動製造原価	410 万円	308 万円	252 万円	970 万円
付加価値	328 万円	88 万円	168 万円	584 万円
製造部門の固定費				450 万円
工場の損益				134 万円
販売費および一般管理費				310 万円
営業利益				▲ 176 万円

〈プロダクトミックス改善後の損益〉

	製品 A	製品 B	製品 C	会社全体
生産販売台数	34 台	50 台	7 台	91 台
売上高	612 万円	900 万円	420 万円	1,932 万円
変動製造原価	340 万円	700 万円	252 万円	1,292 万円
付加価値	272 万円	200 万円	168 万円	640 万円
製造部門の固定費				450 万円
工場の損益				190 万円
販売費および一般管理費				373 万円
営業利益				▲ 183 万円

損益を詳細に分析した結果、さらに以下の事実が明らかとなった。

① 全ての製品の販売には、営業部で発生する出張旅費などの販売費が製品 1 台あたり 1 万円程度発生している。

② 全ての製品の販売には、技術部で発生する製品仕様のカスタマイズなどの一般管理費が、製品 1 台あたり 1 万円発生している。なお、このカスタマイズは定型的な業務であるため、業務量に応じて採用される非正規雇用のアルバイト等で賄われている。

③ 全ての製品の販売には、物流部で発生する製品発送費などの販売費が製品 1 台あたり 1 万円発生している。

〈設問〉

　サプライチェーン全体の視点から見た利益を最大化するためのプロダクトミックスを検討し、下記の損益計算を完成せよ。

現在の損益

	製品A	製品B	製品C	会社全体
生産販売台数	34台	50台	7台	91台
売上高	612万円	900万円	420万円	1,932万円
変動製造原価	340万円	700万円	252万円	1,292万円
製造以外の変動費	（　　万円）	（　　万円）	（　　万円）	（　　万円）
付加価値	（　　万円）	（　　万円）	（　　万円）	（　　万円）
製造部門の固定費				450万円
製造以外の固定費				（　　万円）
営業利益				▲183万円

サプライチェーン全体の変動費を考慮したプロダクトミックスによる損益

	製品A	製品B	製品C	会社全体
生産販売台数	（　　台）	（　　台）	（　　台）	（　　台）
売上高	（　　万円）	（　　万円）	（　　万円）	（　　万円）
変動製造原価	（　　万円）	（　　万円）	（　　万円）	（　　万円）
製造以外の変動費	（　　万円）	（　　万円）	（　　万円）	（　　万円）
付加価値	（　　万円）	（　　万円）	（　　万円）	（　　万円）
製造部門の固定費				450万円
製造以外の固定費				（　　万円）
営業利益				（　　万円）

〈答え〉

　製品A、製品B、製品Cのそれぞれには、出張費、設計費、配送費など合計で3万円の製造活動に関わらない変動費がかかっている。従って、それぞれの製品の付加価値額は、これらの変動費も考慮して見直さなければならない。

	1台当たりの付加価値	スループット
製品A	18万円－（10万円＋3万円） ＝5万円	5万円÷4時間 ＝1.25万円／時（2位）
製品B	18万円－（14万円＋3万円） ＝1万円	1万円÷1時間 ＝1万円／時（3位）
製品C	60万円－（36万円＋3万円） ＝21万円	21万円÷2時間 ＝10.5万円／時（1位）

第5章　目標のKPIを見直そう！

STEP 1

以上の結果、スループットが最大なのは引き続き製品Cなので、最大需要まで製品Cを作るべきである。

機械占有時間：7台 × @2時間 ＝ 14時間
残った時間　：200時間 － 14時間 ＝ 186時間

STEP 2

次にスループットが大きいのは製品Bではなく製品Aなので、できる限り製品Aを作るべきだが、機械占有時間に限界があるので最大需要に応えることはできない。

186時間 ÷ 4時間 ＝ 46.5台 ＜ 最大需要50台 → 作れる台数は46台
機械占有時間：46台 × @4時間 ＝ 184時間
残った時間　：186時間 － 184時間 ＝ 2時間

STEP 3

最後に残った2時間でスループットが最も低い製品Bをできる限り作る。作れる台数は2台（＝2時間÷1時間）となる。これが利益を最大化する製品ミックスである。以上の状況を表にまとめる。

現在の損益

	製品A	製品B	製品C	会社全体
生産販売台数	34台	50台	7台	91台
売上高	612万円	900万円	420万円	1,932万円
変動製造原価	340万円	700万円	252万円	1,292万円
製造以外の変動費	（102万円）	（150万円）	（21万円）	（273万円）
付加価値	（170万円）	（50万円）	（147万円）	（367万円）
製造部門の固定費				450万円
製造以外の固定費				（100万円）
営業利益				▲183万円

プロダクトミックス改善後の販売費および一般管理費：373万円
製造以外で発生する固定費：373万円 －（91台 × 3万円）＝ 100万円

修正したプロダクトミックスによる損益

	製品A	製品B	製品C	会社全体
生産販売台数	（46台）	（2台）	（7台）	（55台）
売上高	（828万円）	（36万円）	（420万円）	（1,284万円）
変動製造原価	（460万円）	（28万円）	（252万円）	（740万円）
製造以外の変動費	（138万円）	（6万円）	（21万円）	（165万円）
付加価値	（230万円）	（2万円）	（147万円）	（379万円）
製造部門の固定費				450万円
製造以外の固定費				（100万円）
営業利益				（▲171万円）

前ページ下の表では、プロダクトミックスの修正により営業利益の赤字が少し（12万円）改善されている。近年、技術のコモディティ化の進展などにより、多くの事業で製造部門以外の活動が新たな勝負どころになってきた。それに伴って製造部門以外で発生する変動費の重要性が増していることに注意を向けなければならない。従来の簿記や原価計算だけを使っていると、こうした変化に気がつかず、誤った意思決定をしてしまうのみならず、ビジネスモデルの革新にも出遅れてしまうことがある。

★補足：財務 KPI について

　財務会計は、会社外部の方々に経営成果を見ていただくための会計ですから、経営課題を赤裸々には開示したくないという心理も働きます。そうした事情が、さまざまな場面で財務会計の発展を妨げてきた一面があったのかもしれません。とはいえ、日々の経営実務を適切に遂行するには、経営課題を率直に把握し、さまざまな経営施策に効果があったのか／なかったのかを社内で知るための手段がどうしても必要になります。経営の真実を映す鏡……それが、管理会計が果たすべき役割です。

　本来なら、いわゆる財務 KPI（重要指標）も、真実を映す率直な管理会計に基づいて計算されるべきなのかもしれませんが、会社外部の方々が入手できるのは財務会計の P/L や B/S に限られます。結果として、専門家による会計的指導は、財務会計の見栄え（財務 KPI）の改善に著しく偏りがちでした。もちろん見栄えは大切なものですが、財務会計の見栄え（財務 KPI）を良くする努力が、必ずしも経営の実態を良くしない場面は多々あります※。その一方で、管理会計上の KPI（経営実態）を良くする努力は、財務会計の KPI を良くすることに必ず繋がるのです。経営環境が厳しさを増す一方の今日、管理会計の重要性にもっと注意が払われる必要性があることを感じています。

※配賦や在庫を使った原価操作や利益の調整、固定資産の不健全なオフバランス化、一部の減価償却や、一部の税効果会計など。

第6章
物価高騰と戦おう！

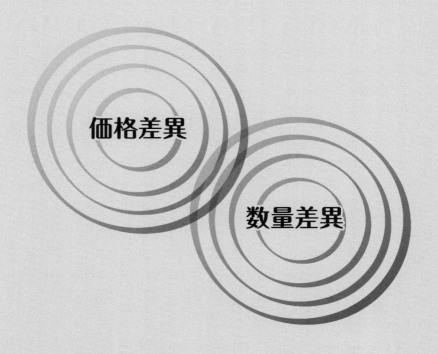

コストダウンは国内製造業の至上命題ですが、「コストダウン！」というだけでは何も達成できません。今まで、コストの内訳を明らかにし、目標を定め、実績との差を分析し、手当てすることができなかった経営の手つかずを解決するための会計の形を解説します。

TASK 26　今まで手つかずだったムダを、見つけよう

今まで、コストダウンは精神論的でした。しかし「コストハーフ」「ムダ取り」「CO$_2$46％削減」と叫ぶだけでは問題は解決しません。本気でやるなら、正しく目標設定し、結果を確かめる管理会計の力が必要です！

▶▶コストダウンの行き詰まりを、管理会計で解消しよう！

　多くの現場でコストダウンへの限界感が語られます。それもそのはず、今までのコストダウン活動では、適切な会計を工夫して活動対象となるコスト（変動費）を「見える化」する努力がしっかり行われていなかったのです。正しい管理会計でコストの全体と内訳を明らかにすれば、今まで手付かずだった新しいムダが、きっとたくさん見つかります。

① 　ゼロ在庫にこだわるムダ

　これは、従来の「ゼロ在庫」にこだわりすぎることで購買戦略に失敗し、物価高騰と戦えなくなっているムダです。そもそもゼロ在庫は、工場の勝手な都合であり、顧客志向の発想ではありません。それが売価と付加価値の低下を招いてきたのです。これからは、顧客志向の発想で、在庫の最適化を目指さなければなりません（第8章参照）。

② 　場当たり的な省エネのムダ

　光熱費はどんどん高騰します（第7章参照）。片手間な省エネを、会社存続を賭けた取り組みに変えましょう。

③ 　ムダ取りに埋没するムダ

　これは、いつまでも現場のムダ取りにこだわって、新しい課題を設定できないムダです。作業や動作のムダ取りに期待できる効果が小さくなっている一方で、事務方のムダがほったらかしになっているケースが多いので要注意です。

④ 　共倒れのムダ

　サプライチェーン上で優位にある会社が、自社の変革を先送りし、他社に過度のコストダウンやスコープ3の責任を押しつけることで、結果的に共倒れになっていくムダです。

⑤ 　場当たり的な配送のムダ、⑥ 　場当たり的な販促のムダ

　技術のコモディティ化やデジタル化の進展で、会社間の製品の差は小さくなり、情報検索や注文の利便性、配送費、超短納期、販促活動といったサプライチェーン全体の戦略的管理が重要になりました。これらの活動に関わる費用が、国内製造業の事業戦略から漏れがちだったのは、今までの会計が売上原価と販管費を一体的に管理してこなかったからです。

⑦　工場外無関心のムダ

「在庫を最適化しましょう」と提案すると、「在庫が増えればお金が寝る」と指摘されがちです。しかし現実にお金が寝ているのは、目標の「流動比率」が過度に高く設定されているからであり、工場在庫の多寡とは直接的な関係がなかったことを専門家の方々に伝えなければなりません。（TASK 36参照）

TASK 27　それぞれの変動費の管理方法を、決めよう

費用区分は、それをどんな方法と精度で測定・管理したいかという経営の意思で決まります。変動費と固定費、直接費と間接費の区分の混乱は、コスト管理が日本中で失敗してきた現状を強く示唆します。

▶▶コストダウンの最初の一歩…変動費の内訳を、明らかにしよう！

　コストダウンとは、①変動費（原価）の内訳を明らかにし、②各変動費について達成すべき目標を定め、③目標と実績の差を測定し、④その差を小さくしていくという活動の繰り返しです。内訳がわからなければ、**活動が成功したのか／失敗したのかすらわかりません**。従ってコストダウン成功の大前提は、まず変動費の内訳を明らかにすることです。残念ながら今までの財務会計（および会計システム）は「合計転記（TASK 20 参照）」で原価計算を行ってきたため、変動費の内訳がわかりませんでした。内訳を明らかにするには、新しい原価測定の仕組みや、販売費もカバーできる会計的な工夫が必要になります。

▶▶コストダウンの決め手…変動費の測定方法を、決めよう！

　変動費を適切に測定し管理するには、変動費の内訳を、それぞれの重要度に応じて３つに区分する必要があります。

★最も重要な変動費…直接変動費／直課

　最も重要な変動費は、個々の消費量を直接測定し、目標と実績の差を把握します。原価計算は直課になります。不利な差異が発見されたら直ちに原因を調べてムダな出血を止めます。有利な差異があればイノベーションのヒントにします。日々発生する有利差異と不利差異を相殺してはいけません。

★やや重要な変動費…間接変動費／配賦

　直接測定には手間と費用がかかるので、やや重要度が低い変動費は、全体の消費量だけを測定し、個々の活動の消費量を推定して配分計算することになります。これが間接変動費の配賦です。工場全体でメーターが１個しかない場合の電気代などが典型例です。間接的な測定なので、費用のムダな出血を発見したり、イノベーションのヒントを得ることには限界がありますが、シミュレーションや損益分岐点の管理には有効です。固定費との混同に注意しましょう。

★あまり重要ではない費用…些末な変動費と些末な固定費

　さらに重要度が低い「些末な費用」については能動的な管理を行わず、受動的な固変分解（最小自乗法など）をすることになるでしょう（TASK 06 参照）。現実には、大半の費用が受動的な固変分解の対象になってしまっている事例が少なくないようです。コストダウンを成功させるには、できるだけ「些末な費用」を減らす努力をしなければなりません。

第6章　物価高騰と戦おう！

Q. 重要度に応じた測定方法を、決めていますか？

売上高	直接測定	間接測定
－原材料費	○	○
－変動光熱費	－	○
－変動労務費	○	－
－外注加工費	○	－
－変動配送費	○	－
－変動販促費	－	○
－在庫金利	－	○
＝付加価値		

【原価の内訳ごとに、直接測定／間接測定を決めよう】

	製品A	製品B	製品C	合計
直接測定（○月1日）	76	81	83	240
（○月2日）	77	83	83	243
（○月3日）	75	79	86	240
（○月4日）	73	80	87	240
（○月5日）	77	77	86	240

【直接測定（直課）による費用管理 ➡ 異常発見力が高い】

	製品A	製品B	製品C	合計
間接測定（○月1日）	(80)	(80)	(80)	240
（○月2日）	(81)	(81)	(81)	243
（○月3日）	(80)	(80)	(80)	240
（○月4日）	(80)	(80)	(80)	240
（○月5日）	(80)	(80)	(80)	240

【間接測定（配賦）による費用管理 ➡ 異常発見力が低い】

| TASK 28 | 価格差異と数量差異の区分が、成功のポイント |

計画と実績の差異の把握、そして差異の内訳の把握は、目標達成への大前提です。差異を把握しなければ、どこに課題があり、どう手当すべきかがわからないからです。会計の力を取り戻しましょう。

▶▶変動費の差異は、価格差異と数量差異に分解しよう！

昨今、物価高騰の先行きが見通せません。そんな物価高騰と戦うには、購入した原材料やエネルギー価格の価格上昇による不利な影響と、会社内部での使用量の削減努力による有利な影響をきちんと分離し、それぞれの寄与がどれくらいなのかを区別して把握する必要があります。**なぜなら、必要となる対応が異なるから**です。購入価格の差による影響を「価格差異」、使用量の削減努力による影響を「数量差異」と呼びます。前者は購買部門、後者は消費部門の責任範囲に属する差異です。

▶▶差異を分解する理由を、考えてみよう！

今までの工業簿記等では、有利な差異と不利な差異を相殺消去することが指導されてきました（章末演習問題参照）。そのため、実際に差異が明示されているP/Lは希です。

> ✔費用の内訳（材料費と変動労務費など）ごとの差異が相殺されている
> ✔価格差異と数量差異が相殺されている（右図参照）
> ✔日々の実績の間で差異が相殺されている

しかし、差異を相殺しないで把握できる仕組みを作らなければ、①不利差異を生じている費用の垂れ流しを防止する、②有利差異を生じた工夫を迅速に横展開する、③成果を上げた従業員の努力を労い次のイノベーションに繋げる、などの対応ができません。

★価格差異が出たらどうするか？…購買部門の活動を点検する！

> ✔価格や為替の変動は、適切に予測・対策されていたか？
> ✔行きすぎたジャストインタイム購買はなかったか？
> ✔そもそも実行不能な目標値ではなかったか？

★数量差異が出たらどうするか？…消費活動の活動を点検する！

> ✔装置は故障していなかったか？　出し放しはなかったか？
> ✔装置の設定や作業手順は、誤っていなかったか？
> ✔そもそも実行不能な目標値ではなかったか？

第6章 物価高騰と戦おう！

Q. 差異の相殺（見えぬ化）を、していませんか？

価格差異　＠2円×50kg＝100円（不利）
数量差異　＠10円×10kg＝100円（有利）

価格差異　＠2円×75kg＝150円（有利）
数量差異　＠10円×15kg＝150円（不利）

【差異を相殺すると、正しい状況把握ができません】

```
売上高　　　（±単価差異　±数量差異）
−原材料費　　（±価格差異　±数量差異）
−変動光熱費　（±価格差異　±数量差異）
−変動労務費　（±価格差異　±数量差異）
−外注加工費　（±価格差異　±数量差異）
−変動配送費　（±価格差異　±数量差異）
−変動販促費　（±価格差異　±数量差異）
−在庫金利　　（±価格差異　±数量差異）
＝付加価値
```

【なるべく多くの変動費について、差異を把握しましょう】

TASK 29　3つの差異の計算方法を、確認しよう

変動費からは価格差異と数量差異、固定費からは予算差異が発生します。
固定費は金額で管理する費用なので、複雑な分解をする必要はありません。
差異分析も金額で行いましょう。

▶▶変動費の差異の計算を、やってみよう！

変動費からは、価格差異と数量差異が発生します。目標値と実績値の大小関係が変わっても、正しく差異計算ができるようにしておきましょう。固定費については、細かい差異分析を行う流儀もありますが（三分法、四分法など）、固定費は金額で決定され、金額で管理される費用なので、差異分析も金額で行うことが経営管理上は適切です。

> 変動費の管理…価格差異＝（実際単価－目標単価）×実際使用量
> 変動費の管理…数量差異＝目標単価×（実際使用量－目標使用量）
> 固定費の管理…予算差異＝実際金額－目標金額

〈計算例〉

	目標単価	目標使用量	実際単価	実際使用量
材料費	＠10円	80kg	＠12円	90kg
	800円		1,080円	

価格差異：（＠12円－＠10円）×90kg＝180円（不利差異）
数量差異：＠10円×（90kg－80kg）＝100円（不利差異）

▶▶販売費の差異について

配送費は代表的な販売費の1つです。売上高の増減に対する配送量の増減（回数や距離などで把握）から数量差異を求めることができます。しばしば販売単価とトレードオフの関係にあるので、変動費の一体管理でバランス点を見つけ、付加価値の最大化を目指していきます。

議論になることが多い出張旅費は、最小自乗法などによる固変区分が管理の入口です。変動費として抽出された部分は、売上高の増減に対する出張量の増減（人数、回数や日数や距離などで把握）から数量差異を求めます。数量差異が大きく、出張の効果が十分ではないと認められる場合には、出張の在り方を見直しましょう。

▶▶在庫金利の差異について

在庫回転数が適切に管理されている場合、在庫は売上高に比例して増減するので、在庫金利は変動費とみなせます。回転数の差が数量差異に相当する部分です。

第6章 物価高騰と戦おう！

Q. 価格差異・数量差異・固定費差異の定義は明確ですか？

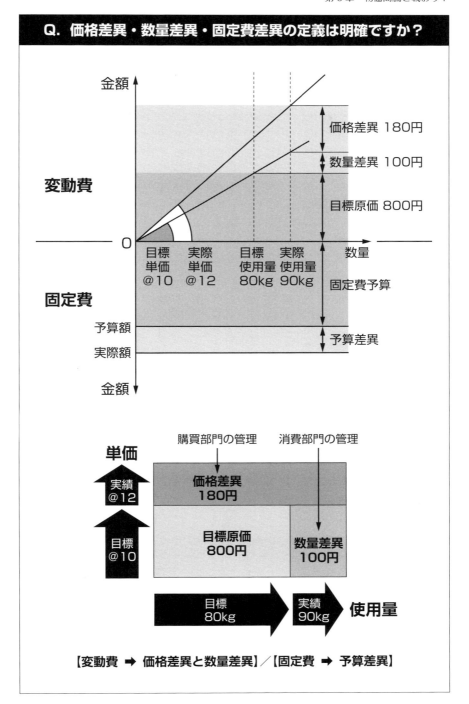

TASK 30　差異分析で、コストダウンの設計図を作ろう

コストダウンは気合だけでは達成できません。大雑把な目標は目標がないのと同じです。内訳を可視化し、差異分析し、分担を決め、会社の目標と個人の目標を繋げてください。

▶▶会計で効果を検証し、宝の山を見つけよう！

　多くの国内製造業で、**コスト全体と内訳を会計的に可視化せず**にコストダウン（いわゆる作業のムダ取りなど）が行われてきました。その結果、近年の原価構造の変化で、作業の労務費削減に期待される効果が小さくなっていること（他方で材料費の節減が重要になっていること）が見すごされてきたのです。見方を変えれば、**そこには手つかずの「宝の山」がある**ということです。そろそろ日本のムダ取りを進化させましょう。

▶▶2つの差異で、コストダウンの設計図を作ろう！

　従来のコストダウン活動では、「コストハーフ」「コスト30％削減」といった大雑把な目標設定が多く見られました（CO_2の46％削減も同様）。こうした目標では責任関係が曖昧になり、**活動が成功したかどうかの検証すらできません**。そこで原価差異を使い、コストダウンの設計図を作りましょう。各変動費（コスト）の差異は、達成したい目標と実績の差異でもあるからです。各変動費の内訳ごとに差異を設定し、それぞれの差異を価格差異と数量差異に分解してコストダウン活動の設計図を作ります。この設計図は、差異の金額的な重要性も考慮し、これから達成しようとするコストダウンの責任分担を明確にしたり、取り組みに問題が生じた場合の方向修正などの場面で力を発揮します。

ある自動車製造会社の製造原価（労務費に代わって材料費が増えている）

	2009	2010	2011	2012	2013	2014
材料費	81.1％	82.2％	82.3％	82.4％	83.4％	不明
労務費	7.6％	7.8％	7.7％	7.7％	7.4％	不明
経費	11.3％	10.0％	10.0％	9.9％	9.2％	不明

※2014年頃から、全国的に製造原価明細書が作成されなくなっています。その結果、製造原価の構成比の変化が、ますます認識され難くなりました。

第6章　物価高騰と戦おう！

Q.　各部門の役割分担は、明確ですか？

費目	差異	削減目標	施策	担当部署
材料費	単価	80％への削減	まとめ買い、相場買い	購買部
	使用量	現状を維持	標準化、自動化の推進	製造部
変動光熱費	単価	（50％上昇）	事業構造に踏み込んだ経営革新に着手する	全社
	使用量	60％への削減		
変動労務費	単価	（5％賃上げ）	モチベーションに繋げる	総務部
	使用量	50％への削減	作業手順の見直し	生産技術部
在庫金利	単価	現状を維持	資金構成の最適化	財務部
	使用量	40％の在庫減	適正な予測による在庫圧縮	販売部

※単価の差異は調達部門、数量の差異は消費部門が担うべき責任範囲です

成り行き

	実績	単価	数量
売上高	424	8	53
材料費	230	46	5
変動光熱費	10	2	5
変動労務費	40	8	5
外注加工費	40	1	40
外注物流費	40	1	40
在庫金利	5	1	5
付加価値	59		

分担された目標

	計画	単価	数量
売上高	424	8	53
材料費	184	36.8	5
		×80％	
変動光熱費	9	3	3
		×150％	×60％
変動労務費	21	8.4	2.5
		×105％	×50％
外注加工費	40	1	40
外注物流費	40	1	40
在庫金利	3	1	3
			×60％
付加価値	127		

※従来の「ムダ取り」が取り組んできたのは、変動労務費の数量の節減のみでした

【コストダウン活動を、担当部署ごとに設計しましょう】

演習問題

★問題 6-①

　G工業では標準原価計算制度を採用している。以下の月次データに基づき、仕掛品勘定と製品勘定を記入せよ。なお、G工業では正しい管理会計を導入していない。

製品1個あたりの標準原価
　　直接材料費　　標準単価@600円×標準消費量15kg　＝9千円
　　直接労務費　　標準単価@800円×標準作業時間5時間＝4千円
　　製造間接費　　標準配賦率@500円×標準直接作業時間4時間
　　　　　　　　　　　　　　　　　　　　　　　　　　＝2千円
　　製品1個あたりの標準製造原価　　　　　　　　　　15千円
製造実績のデータ
　　当月製造着手300個、当月完成・販売300個、直接材料は全て始点投入
原価実績のデータ
　　直接材料費実際消費額　3000千円
　　直接労務費実際消費額　　960千円
　　製造間接費実際発生額　　680千円

仕掛品

材料費	(	)	製品	(	)
労務費	(	)	原価差異	(	)
製造間接費	(	)			
	(	)		(	)

製品

仕掛品	(	)	売上原価	(	)
	(	)		(	)

84

第6章 物価高騰と戦おう！

仕掛品

材料費	(3,000)	製品	(4,500)
労務費	(960)	原価差異	(140)
製造間接費	(680)		
	(4,640)		(4,640)

※標準製造原価は、15千円×300個＝4500千円
※原価差異は、左右の差額から計算

製品

仕掛品	(4,500)	売上原価	(4,500)
	(4,500)		(4,500)

〈参考〉

　本問では、仕掛品勘定の左右の差額から140千円の原価差異（不利差異）が表れます。実は、この差異は3つの差異の合計でした。

標準材料費　9千円 × 300個 ＝ 2700千円 ➡ 実際消費額 3000千円
　（不利差異 300千円…例えば、急激な値上がりによる購買活動の失敗）
標準労務費　4千円 × 300個 ＝ 1200千円 ➡ 実際消費額　960千円
　（有利差異 240千円…工場関係者のカイゼン努力による成果！）
標準間接費　2千円 × 300個 ＝　600千円 ➡ 実際発生額　680千円
　（不利差異 80千円…変動費と固定費の混在による計算上の差異）
原価差異　－300千円 ＋ 240千円 － 80千円 ＝ －140千円

　ところが従来の会計（財務会計や簿記など）では、本問のように差異の相殺消去を指導しているので、経営者には原価差異の内訳が見えません。そこで、今までと同じ活動をさらに強化するように指示が出されてしまいます。「まだまだ本気度が足りない。さらなるカイゼン努力とゼロ在庫を徹底せよ！」事業を取り巻く環境変化に注意が払われることはなく、会社はさらに競争力を失っていくことになるでしょう。過去30年間も日本経済が停滞してきたことにはさまざまな原因や理由があったと考えられますが、今までの会計が力不足だったという事実を看過することはできません。会計を、変えましょう。

★問題 6-②

　以下の資料に基づき、H工業の原価計算表を完成しなさい。なお、製造間接費の配賦基準は機械運転時間である。（なお、H工業では正しい管理会計を導入していない。）

		No. 1	No. 2	番号不明
（1）	材料の当月消費額	65,040 円	80,160 円	49,200 円
（2）	賃金の当月消費額	89,520 円	102,960 円	90,720 円
（3）	経費の当月消費額	18,720 円		11,280 円
（4）	各製品の機械運転時間	432 時間	288 時間	

	No. 1 の原価	No. 2 の原価	合計
直接材料費	65,040 円	80,160 円	145,200 円
直接労務費	89,520 円	102,960 円	192,480 円
直接経費	18,720 円	―	18,720 円
製造間接費	（　　　　）円	（　　　　）円	（　　　　）円
合計	（　　　　）円	（　　　　）円	（　　　　）円

〈答え〉

	No. 1 の原価	No. 2 の原価	合計
直接材料費	65,040 円	80,160 円	145,200 円
直接労務費	89,520 円	102,960 円	192,480 円
直接経費	18,720 円	―	18,720 円
製造間接費	（　90,720）円	（　60,480）円	（　151,200）円
合計	（　264,000）円	（　243,600）円	（　507,600）円

※番号不明額の合計（151,200 円）÷ 機械運転時間の合計（720 時間）＝ 210 円
※No.1 への配賦額　210 円 × 432 時間 ＝ 90,720 円
　No.2 への配賦額　210 円 × 288 時間 ＝ 60,480 円

〈本問（工業簿記 2 級の問題です）で感じて欲しい疑問点〉
　① これほど多額の番号不明額が存在してよいのか？
　② 番号不明額は、各製品に配賦されるべきものなのか？
　③ 配賦されるとしても、配賦基準は機械運転時間でよかったのか？
　④ 直接費・間接費と変動費・固定費はどのような関係にあるのか？
　こうした疑問の解消が製造業復活への道です。

第7章
エネルギー費高騰と戦おう！

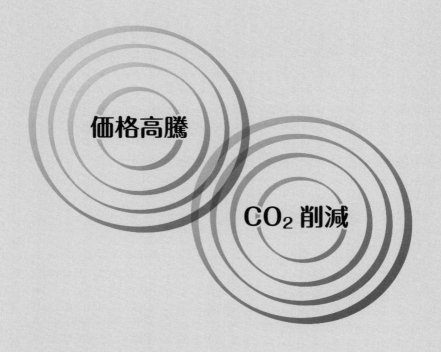

CO₂削減を厳しく求められるようになりました。「地球環境の保全」云々は別段、それはエネルギー費の削減でもあります。CO₂削減を「地球のための余計な活動」と捉えるのではなく、エネルギー費の高騰に備えるコストダウンや大手企業を超える経営革新への入口にするべきだと感じます

TASK 31　省エネと省資源を、生存戦略に変えよう

エネルギー価格や物価高騰リスクが高まっています。輸出型の大手製造業とは異なり、原材料消費企業が多い中小製造業にとっての省エネ・省資源は、生存戦略であり死活問題。正しい対応を競争力に変えましょう。

▶▶世界の変化から、逃げられない！

　先般、「電気代が上がったので、工場で計画していた太陽光発電の設置を止めた」という話を伺いました。それは「脱炭素＝環境問題」あるいは「脱炭素＝CSR（企業の社会的責任）の一環」という認識に立った判断だったでしょう。しかし、これから**電気代やエネルギー費がさらに上昇していくリスク**があります。会社は、資源価格の高騰リスクの有無についてしっかり評価しておかなければなりません。その結果としてリスクを認識するなら、それに備える行動を始めなければなりません。「地球環境の保全」はともかく、抜本的な省エネや脱炭素経営は会社が当然に取り組むべき生存戦略です。

▶▶価格高騰のリスクを評価し、事業計画に反映させよう！

　今まで関心が低い問題でしたが、全ての化石燃料（石油・石炭・天然ガス・ウラン）は遠からず枯渇します。化石燃料全体の可採年数を計算すると約80年ですが、これは世界の経済成長を考慮しない数値でした。そこで産業革命以来の実績を踏まえ、年3％程度の経済成長を仮定して再計算すると（TASK 71参照）、**可採年数は約40年に短縮してしまいます（2050年代にゼロ）**。これは、今まで当然のように語られてきた事業や経済の成長（≒エネルギー消費量の伸びでもあった）が指数関数だったことによるものです。

3％成長した時の消費量の増加 1年後…1.03倍	100年後 …約20倍 200年後 …約400倍 300年後 …約8000倍

　世界の人口爆発（2050年代には100億人を超えるとされる）や指数関数的な経済成長を支えるエネルギー資源はありません。資源の枯渇傾向が顕在化すれば、早い段階から資源の売り惜しみや買占めや投機でエネルギーの需給バランスが急激に崩れ、価格が暴騰するリスクがあります。事業活動は規模（売上増加）による成長から、**効率（付加価値率や生産性の改善）による成長へのシフト**を実現しておかなければなりません。先手の行動が競争力にもなります。経営はリスクを評価し、行動方針を決め、事業計画に織り込む必要があります（TASK 73参照）。それが経営という営みだからです。

第7章 エネルギー費高騰と戦おう！

Q. これからの資源価格を、どのように予測しますか？

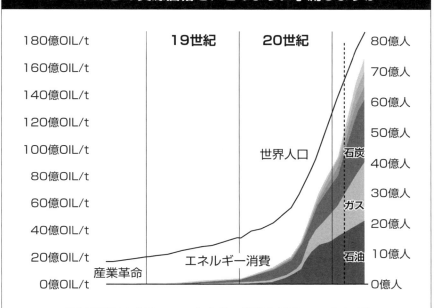

【世界経済は成長し、エネルギー消費も増えていきます】

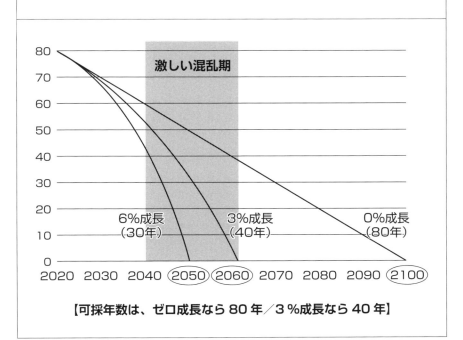

【可採年数は、ゼロ成長なら80年／3％成長なら40年】

TASK 32　今後も続くエネルギー費の高騰に、備えよう

2030年CO₂46％削減を取引先から要請される場面が増えました。どうせやるなら（！）生存戦略として前向きに捉え、大手を超える経営革新に繋げましょう。大きなリスクは、大きなチャンスに変わります。

▶▶脱炭素経営の基本式を、理解しよう！

　会社の「CO_2排出量」は「化石燃料使用量」でもあります。長期的に高騰が予測される化石燃料の使用量を着実に減らしていくことは、CO_2削減のみならず**事業の新しい競争力**になります。化石燃料使用量は、事業の付加価値・エネルギー生産性・燃料依存率の３つの関係から求めることができます（脱炭素経営の基本式）。この基本式の形から、化石燃料の使用量（≒CO_2排出量）を減らすには３つの方法があることもわかります。

★方法①：エネルギーあたりの生産性を、向上する

　例えば、2030年に向けてCO_2排出を46％削減する最善の方法は、エネルギーあたりの生産性（事業付加価値に対するエネルギー使用量の比）を1.85倍以上に高めることです。これにより化石燃料使用量（CO_2排出量）を46％削減できます。エネルギー生産性は、**売上数量あたりの付加価値（製品力）とエネルギー使用量当たりの生産個数（技術力）の積**ですから、生産性を高める方法は必ずしも生産技術（省エネや工法刷新）だけに限られません。今から製品の付加価値率をしっかり高めておくことが、最も本質的な対策なのです。

★方法②：燃料依存を、減らす

　グリーンエネルギーの購入で燃料依存を下げる方法もあります。ただしこの方法はCO_2の削減にはなっても、エネルギー費の節減になりません。いわゆるクレジットの購入も追加費用になり中小製造業の生存戦略ではありません。

★方法③：事業の縮小を余儀なくされるケースもある

　事業規模（事業規模は付加価値で測定する）を46％縮小すればCO_2排出量も46％減りますが、決してそれは望ましいゴールではないでしょう。最も理想的な対処方法は、エネルギー生産性の向上とグリーンエネルギーの導入（自家発電など）にバランス良く取り組むことです。

▶▶国内の再エネの利用可能量を、見積もろう！

　国内の再生可能エネルギー（再エネ）資源は無尽蔵ではありませんから、会社は再エネの利用可能量も想定しておかなければなりません。**予想する努力が、行動を洗練する力**になります。さまざまな試算がありますが、現状のエネルギー使用量の４～５分の１程度という想定を前提にするなら、エネルギー当たりの

生産性を現状の5倍以上（80％の省エネに相当！）に上げておかないと事業活動を継続できなくなります。

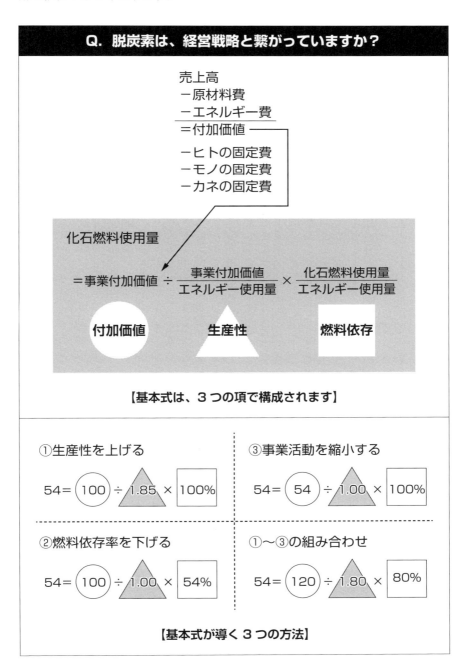

TASK 33　事業の成長と脱炭素のバランスを、取ろう

「事業の成長」と「化石燃料の使用量削減（CO_2 の削減）」は相反する目標ですから慎重な計画が必要です。両立させるためには基本式でシミュレーションし、バランス点を見つけて、事業計画に織り込みます。

▶▶2050 年までに達成すべきことを、基本式で確認しよう！

国際情勢の厳しさ、経済環境の変化の速さ、気候変動の深刻化などで会社経営の舵取りが難しくなりました。2050 年に向かって致命的なミスをしないためには、脱炭素経営の基本式（①）で、さまざまな活動のバランスを取らなければなりません。

〈2050 年に向かって達成すべきこと〉
・これからも事業はしっかり成長させていきたい
・化石燃料の使用（＝CO_2 の排出）はゼロを目指さなければならない
・化石燃料に代わる再エネの導入を着実に進めておかなければならない

ここでは脱炭素を「地球環境の保全」ではなく、むしろ中小製造業がエネルギー費の高騰と戦い、生き抜いていくための生存戦略として捉えています。

▶▶2050 年への道筋を、基本式で決めよう！

生存戦略としての脱炭素の柱は**エネルギー生産性の抜本的向上**（付加価値÷エネルギー使用量）です。エネルギーコストと CO_2 排出量を同時に削減できるからです。エネルギー生産性の向上はイノベーション（第12章参照）やビジネスポジションの変更（第15章参照）を伴う困難な目標ですから、長期計画を立てましょう。太陽光や小規模水力、風力など再エネによる固定的出力の自家発電設備を設置する場合は、基本式（②）で計画します。

①	化石燃料使用量 ＝（付加価値 ÷ エネルギー生産性）× 燃料依存率
②	化石燃料使用量 ＝（付加価値 ÷ エネルギー生産性 － 再エネ自家発電量）× 燃料依存率

中小製造業にとっての脱炭素の目標はエネルギー費の節減ですから、クレジットの利用が不利になるケースがあります。**クレジット購入費が増える**にもかかわらずエネルギー費は減らないからです。ただし長期的な削減計画の途上で地方自治体や取引先から厳しい目標値を示されている場合は、一時的にクレジットの充当が必要になることは想定されます。

第7章　エネルギー費高騰と戦おう！

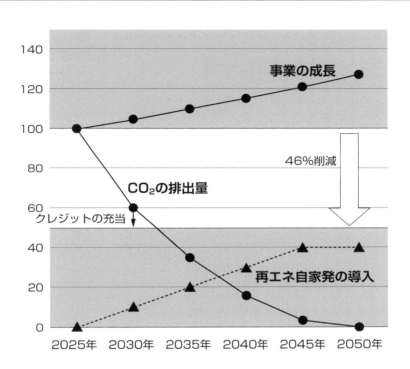

Q. 2050年への青写真を、描いていますか？

		付加価値	生産性	自家発電	燃料依存	CO_2排出量
2025年	A	100	1.0倍	0	100%	100
2030年	A	105	1.5倍	10	100%	※60➡54
2035年	B	110	2.0倍	20	100%	35
2040年	B	116	2.5倍	30	100%	16
2045年	C	122	2.8倍	40	100%	4
2050年	C	128	3.3倍	40	—	0

A 省エネ／B 技術革新／C ビジネス転換／※一時的なクレジット充当

【脱炭素は、もはや事業計画の一部です】

TASK 34 エネルギーあたりの生産性を、改善しよう

資源が手に入らなくなりつつある今、売上さえ伸ばせばよいという発想での事業成長は難しくなっていきます。これから必要なのは、真のエネルギー生産性改善による付加価値の成長です。

▶▶小さな活動に埋没しないよう、注意しよう！

CO_2 削減のため、あるいはエネルギー価格の高騰対策のため、多くの会社が省エネに取り組んでいます。しかし従来の活動の多くが、会計視点や全体感を欠いたものになりがちでした（従来のコストダウンやムダ取りと同じ問題）。例えば昼消灯が励行されている場合、その効果（「何円」の電気代や「何kg」の CO_2 の削減に貢献するのか）が評価されていないなどです。もちろん小さな活動の積み上げは大切ですが、それに埋没してしまうのは危険です。**「やっているという体裁」のための活動は見直し**、真の経営革新やビジネスポジションの変更に繋がる活動に経営資源を集中しなければなりません。本気の取り組みの結果として一時的に排出が増えることもあるはずです（変革期）。

▶▶最悪の対応は、リスク評価をしないこと！

近年は脱炭素のみならず、さまざまなリスクへの対応や BCP の策定を迫られるようになりました。「リスクはない」と判断するなら、その判断を表明しましょう。「リスクはある」と判断するなら対策しましょう。経営は、1つひとつの事象についてリスクの有無を判断し（判断は、柔軟に変わって良い）、**行動を決めなければなりません**。最悪の対応は、リスク評価をせずに問題を放置することです。

★エネルギーの価格高騰
★地下資源・食料等の価格高騰
★戦争や政情不安、輸出入の規制
★気候変動や気象災害の増加
★環境規制の強化（CO_2 含む）

リスク認識する　➡だから○○する
リスク認識しない➡だから○○しない

▶▶着地点を予測する／しないで、行動も結果も違ってくる！

今、経済社会は元に戻ることのない構造変化の津波に直面しています。そんな時代にあっては、リスク評価の遅れや対策の先送りは致命傷になります。しかし厳しい状況はライバル会社も同じ。言い換えれば、リスクにしっかり向き合い、**競合他社に一歩先んじた行動をとることが、新たな競争力になる**可能性があります（遅れれば挽回不能になる可能性も）。厳しい時代を生き延びるのは大きな会社ではなく、機敏に変われる会社です。

第 7 章　エネルギー費高騰と戦おう！

Q. 昼消灯は手段ですか？　目的ですか？

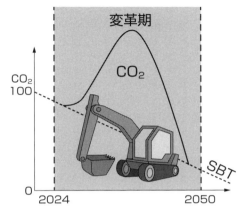

昼食時消灯？

【今までのコストダウンと省エネを、変えよう！】

20世紀…景気の波

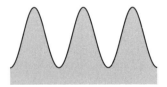

波はすぎ去るもの
波は一時的なもの
波は我慢すべきもの
波は補助金で凌げる
日々の課題の先送りも選択肢

【早い行動 ➡ 有利と限らない】

21世紀…構造変化の津波

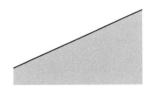

津波は永続的なもの
どんどん変わってしまう世界
我慢してはいけない
補助金では凌げない
課題の先送りは致命傷になる

【早い行動 ➡ 競争力になる】

TASK 35 デジタルと管理会計を、組み合わせよう

今まで、会計と会計以外の活動がバラバラだったため、見逃されてきたことがたくさんありました。例えば IoT と会計が連携すれば、安全管理や人材育成にも貢献できます。経営の目標が会計と DX の形を決めます。

▶▶今までの DX や IoT の課題について、考えてみよう！

昨今、DX（デジタル技術による経営革新）や IoT（ネットワークを通じてさまざまなものを接続し、相互に情報交換する仕組み）が話題です。しかし「経営革新」や「情報交換」を謳いながらも、せっかくの多額のデジタル投資が有効に活かされていない場面が多く見られました。**その原因の 1 つが会計視点の不足**です。言い換えると、DX や IoT に会計視点を加えることで、新たな変革を成功させることができます。

▶▶IoT と会計の連携でできることを、考えてみよう！

今まで工場で試みられてきた多くの IoT が、装置の稼働監視による稼働率の向上、電気代や CO_2 の可視化などを目指していました。この IoT に、①作業者の出勤退勤データを加えれば、1 人あたり何台の装置を稼働できているか**（装置の多台持ち）が管理可能になります**。たとえば目標を 1 人 1.5 台以上等としておき、稼働状況に異常が検出されれば、直ぐにアラームを出して対応を促すなどです。また、②過去の事故発生状況のデータを IoT に加えれば、過去に事故が発生した時と類似の作業パターンが生じた時点で注意を促すことや、危険な一人作業の検出を行ってアラームを出し、**作業者の事故を未然に防止する**ことができます。さらには、③非作業の計画（創造的な活動や教育の時間など／TASK 54 参照）を IoT に加えることで、イノベーションに向かうための活動や**教育計画がきちんと実行されているかどうかを**確認し、進捗に遅れがあればリアルタイムにアラームを出すことができます。最終的に、④会計システムの生産高や付加価値のデータと IoT を連係させれば、付加価値生産性の向上やリードタイムの短縮を目指しながら、**エネルギー生産性を高める方法（製品力と技術力）を見出していく**ことも可能です。

▶▶リアルタイムの強味を、活かそう！

IoT の強味のひとつは「リアルタイム」です。これは、従来の会計システムの欠点（KPI が良くなった／悪くなった、がリアルタイムで判定できなかった）を補う新しい力です。生産効率の低下や事故のリスク、エネルギーのムダ、CO_2 の異常な放出等をリアルタイムに検出してアラームを出せば、**手遅れになる前に行動を修正すること**が可能です。

第7章 エネルギー費高騰と戦おう！

会計と連携すればできることを、考えてみましょう！

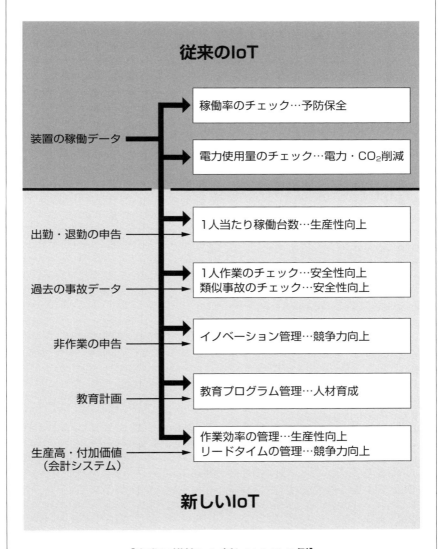

【実際に構築した新しいIoTの例】

演習問題

★問題 7-①

I工業の当期の損益は下記の通りである。

売上高	1000 百万円
－変動費（エネルギー費以外）	700 百万円
－エネルギー費	100 百万円
＝付加価値	200 百万円
－固定費	180 百万円
＝株主利益	20 百万円

I工業は、2030 年までに 46 ％の CO_2 削減を目指しクレジットを購入する計画を立てている。また、クレジットの購入価格はエネルギー費の 30 ％程度になると想定している。これらを前提にシミュレーションを行うと、I工業の 2030 年の株主利益はどうなるか？　なお簡単化のため他の数値は変わらないと仮定する。

〈答え〉

クレジット購入費は、100 百万円×30 ％×46 ％＝13.8 百万円となる。従って 2030 年の損益は下記の通り。

売上高	1000 百万円
－変動費（エネルギー費以外）	700 百万円
－エネルギー費	100 百万円
－クレジット購入費	13.8 百万円
＝付加価値	186.2 百万円
－固定費	180 百万円
＝株主利益	6.2 百万円

CO_2 は 46 ％削減されるものの、株主利益が、20 百万円（現在）から、6.2 百万円（2030 年）に減少してしまう。

★問題 7-②

I工業が行った調査とリスク評価によれば、2030 年までにエネルギー費は 15 ％ほど上昇する可能性があることが判明した。CO_2 の 46 ％削減をクレジット購入によって達成する場合、I工業の 2030 年の株主利益はどうなるか？なお簡単化のため他の数値は変わらないと仮定する。また、クレジットの価格もエネルギー費に連動して上昇するものとする。

第7章 エネルギー費高騰と戦おう！

〈答え〉

2030 年の電気代は、100 百万円 × 115 ％ ＝ 115 百万円
クレジット購入費は、115 百万円 × 30 ％ × 46 ％ ＝ 15.9 百万円となる。
従って 2030 年の損益は下記の通り。

売上高	1000 百万円
－変動費（エネルギー費以外）	700 百万円
－エネルギー費	115 百万円
－クレジット購入費	15.9 百万円
＝付加価値	169.1 百万円
－固定費	180 百万円
＝株主利益	▲ 10.9 百万円

　株主利益は、20 百万円（現在）から、10.9 百万円（2030 年）の赤字に転落する。

★問題 7-③

　シミュレーションの結果が芳しくないので、I 工業でさらに調査を続けたところ、2030 年にはエネルギー費の上昇に連動して原材料費など他の変動費も上昇（少なくとも 5 ％）するリスクがあるとわかった。I 工業の 2030 年の株主利益はどうなるか？

〈答え〉

　2030 年の変動費（エネルギー費以外）は、700 百万円×105 ％＝735 百万円となる。
　従って 2030 年の損益は下記の通り。

売上高	1000 百万円
－変動費（エネルギー費以外）	735 百万円
－エネルギー費	115 百万円
－クレジット購入費	15.9 百万円
＝付加価値	134.1 百万円
－固定費	180 百万円
＝株主利益	▲ 45.9 百万円

　株主利益は、20 百万円（現在）から、45.9 百万円（2030 年）の赤字に転落する。

★問題 7-④

I工業は、クレジット購入ではなく、エネルギー使用量の抜本的削減により CO_2 の46％削減を目指すことにした。ただし、イノベーションを担う人材を確保するため固定費を20百万円増やす必要がある。I工業の2030年の株主利益はどうなるか？

〈答え〉

エネルギー費は46％減少し $115 × 54\% = 62.1$ 百万円となる。

クレジット購入費はゼロになる。固定費は $180 + 20 = 200$ 百万円となる。

よってI工業の2030年の損益は下記の通り。

売上高	1000百万円
－変動費（エネルギー費以外）	735百万円
－エネルギー費	62.1百万円
－クレジット購入費	0百万円
＝付加価値	202.9百万円
－固定費	200百万円
＝株主利益	2.9百万円

株主利益は、20百万円（現在）から、2.9百万円（2030年）に減少するものの、赤字転落は免れる。とはいえ、さらなる施策の積み増しも必要だと考えられる。

★補足

CO_2 削減はエネルギー費の削減でもあります。各社は2030年までに社会に起こることを予測し準備を始めなければなりません。多くの場合、現状の事業構造の単純な延長には脱炭素経営は存在しません。過度の省エネや CO_2 削減要請に萎縮するのではなく、むしろ積極的に資源やエネルギーを使って「会社の形」を抜本的に変えていくべき場面も想定しておくべきでしょう。

第8章
ゼロ在庫から最適在庫へ！

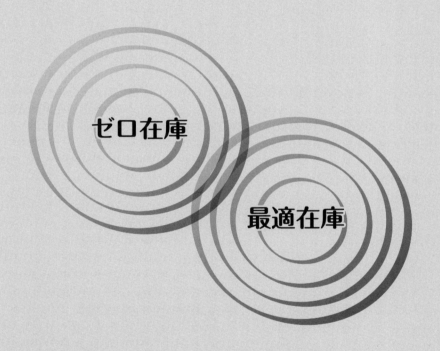

今までの製造業には「ゼロ在庫」という考え方がありました。しかしそれが自社都合への偏重、取引先・客先の都合を考えない姿勢、表面的な在庫操作に繋がってしまう場面もあったように思います。供給不安と物価高が日常となってしまった今、正しい在庫戦略が必要になっています。

TASK 36　不適切なゼロ在庫は、止めよう

「ゼロ在庫」は、購買力ある会社が平和な時代に採用したセオリーです。しかしこれからは、常に最適な在庫を考え、それを実現できる会社こそが優位に立つでしょう。生き残るのは大きな会社ではなく、機敏な会社です。

▶▶「在庫回転数」と「流動比率」の矛盾を、知ろう！

　経営環境が厳しくなり、在庫削減を指導される場面が増えました。在庫の管理が順調かどうかの判断は、一般的に在庫回転率（売上高と在庫量の比）で行われます。少ない在庫で大きな売上高を実現できている事業が、運転資金の運用効率が良い事業だと判断されます。ところが、財務会計には流動比率（流動負債の何倍の流動資産を持っているか）という KPI もあり、在庫回転数と衝突していました。在庫回転数を上げようとして在庫を削減すると流動比率が維持できなくなります。そこで工場在庫を圧縮する一方で、**現金預金や売上債権を増やして（寝かして）流動比率を維持するという矛盾**した指導が行われてきたのです。これでは何のために在庫を圧縮するのかわかりません。

▶▶期末日だけの在庫削減は、止めよう！

　在庫削減活動が、機動的な購買戦略（まとめ買い、相場買い）や物価高騰対策の妨げになっている事例があります。さらに悪いことには、見かけの在庫回転数を高めるため、回転数の計算に使われる期末日（四半期末や年度末）の在庫量だけを圧縮するという数値操作が当然のように指導されてきました。これでは**資金の運用効率が改善されない**のみならず、期末日に向かっての製品の投げ売りや、期末日を通過した後の弾切れに繋がります。また、こうした数値操作に関係者が馴れてしまうことが、**さらに深刻な会計不正の入口**にもなりやすかったのです。ですから、こうした在庫操作や指導は直ちに止めなければなりません。現実に自社でどの程度の数値操作が行われているかを把握する指標が不正直指数（Dishonesty Index）です。まずはこの指数をゼロにしましょう。

▶▶新しい在庫戦略を、作ろう！

　在庫戦略の変更は、その気になればいつでもできます。会社が本当に厳しい状況にあるなら、今すぐに在庫戦略を見直しましょう。そのポイントは、①期末日だけの在庫削減を止める（不正直指数をゼロにする）、②当座資産にも注意を払う、③原材料・仕掛品・製品在庫・当座資産のそれぞれに個別の目標回転数を設定する、④ゼロ在庫ではなく最適在庫に目標をシフトし、**率直でオープンなディスカッションを始める**、などです。

第8章 ゼロ在庫から最適在庫へ！

Q. 今の不正直指数は、どのくらいですか？

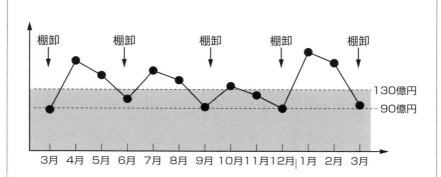

不正直指数＝（真の在庫量－見かけの在庫量）÷真の在庫量
　　　　　＝（130－90）÷130＝31％

【操作された在庫の例（不正直指数≠ゼロ）】

テーマ　1：ゼロ在庫という発想が、原材料調達戦略を硬直化させていないか？
テーマ　2：ゼロ在庫という発想が、風通しの良い議論を妨げていないか？
テーマ　3：ゼロ在庫という発想が、販売戦略の制約に繋がっていないか？
テーマ　4：原材料の供給途絶リスクを、過小評価していないか？
テーマ　5：期末日だけ減らすという、不健全な行動に繋がっていないか？
テーマ　6：期末日だけの削減が、平準化生産に逆行していないか？
テーマ　7：期末日だけの削減が、優良在庫の投げ売りに繋がっていないか？
テーマ　8：期末日だけの削減が、翌期の在庫の弾切れを起こしていないか？
テーマ　9：期末日だけの削減が、真実を見ないマインドを生んでいないか？
テーマ10：期末日だけの削減が、深刻な会計不正の入口になっていないか？
テーマ11：期末日だけの削減が、深刻な品質不正の入口になっていないか？
テーマ12：期末日だけの削減では、お金が寝ることの解決になっていない！
テーマ13：工場在庫だけの削減も、お金が寝ることの解決になっていない！
テーマ14：お金を寝かしているという意味でなら、200％に迫ることもある
　　　　　流動比率は高すぎるのではないか？
テーマ15：盲目的な活動の強要が、人の創造力を破壊していないか？

【在庫戦略について、話し合ってみるべきこと】

TASK 37　流通業の視点で、最適在庫を考えよう

「原材料在庫はしっかり確保しましょう」と提案すると、「ゼロ在庫違反なのでは？」と反論されることがあります。こんな時は、管理会計を使ったシミュレーションをしましょう。結論は柔軟であるべきです。

▶▶先端流通業の競争力について、考えてみよう！

　昨今の物価高騰で苦戦している製造業がある一方で、商品を自ら製造せず売り買いしているだけ（！）の流通業の中に、業績を大きく伸ばしてきた企業が存在するのは注目すべきことです（例えばアマゾンや一部のコンビニや総合商社）。改めてその理由を考えてみると、流通業には自社製品がないため、自社製品・自社工場を優先するといった自社都合に縛られることがありません。**顧客志向に徹した企画を展開しやすい**という状況があります。在庫戦略についても、自社都合の「ゼロ在庫」ではなく顧客目線に立った「最適在庫」が指向されてきました。流通業は品揃えが命であり、「言われたら、仕入れます」という待ちの姿勢では戦えないのです。だからといって在庫を増やしすぎれば、廃棄損や金利負担が重くのしかかってくることにもなります。それゆえに、顧客ニーズと在庫を持つことのデメリットのバランスを真剣に考えながら競争力の源泉としてきたのです。

▶▶流通業と製造業の良いとこ取りを、目指そう！

　かつての製造業には製品自体に競争力があり、「言われてから、作る」という受け身の姿勢で事業が成り立っていました。そのため在庫を最適化するという命題にしっかり向き合うことがなかったのです。**「ゼロ在庫」という目標と、それでは事業が回らなくなってきたという現実の矛盾**が、期末日だけ在庫を削減するといった不適切な行動に結びつきました。多くの場面で製品自体の競争力が小さくなってしまった今日、製造業はイノベーションによる製品競争力そのものの回復、在庫の最適化による顧客価値の創出など、新しい活動領域にシフトすることで業績回復を目指せるはずです。

▶▶最適在庫を実現するためのツールを、作ろう！

　製造業が発想を転換し、「最適在庫の戦略」にチャレンジしていくためには、サプライチェーン全体を一元管理できる管理会計がどうしても必要になります。正しい管理会計で、①まとめ買いによる原材料費の節減、②納期短縮による売価の回復、③在庫が増えることによる廃棄損や在庫金利の負担の増大などを一元的に評価し、最適な在庫量を見つけましょう。**今までの大きな手付かずは、大きな飛躍の可能性**でもあることを忘れないでください。

第8章 ゼロ在庫から最適在庫へ！

Q. 最適在庫を、どうやって決めていますか？

✔ 電気代50％上昇
✔ 物流費50％上昇
✔ 固定費50％上昇

来期の赤字を予想

売上高	100		100
－材料費	－80		－80
－エネルギー費	－ 4	50％増	－ 6
－変動労務費	－ 6		－ 6
－外注加工費	－ 5		－ 5
－外注物流費	－ 8	50％増	－12
－在庫金利	－ 1		－ 1
＝付加価値	▲ 4		▲10
－全ての固定費	－ 6	50％増	－ 9
＝キャッシュフロー	▲10		▲19

【成り行きの損益予想は赤字！ さて、どうする？】

✔ まとめ買いで10％減
✔ 相場買いで10％減
✔ 在庫は2倍になる

在庫2倍化の影響予測
✔ 廃棄損5％増
✔ 販売10％増

来期の黒字を目指せる

売上高	100	10％増	110
－材料費	－80	15％減	－68
－エネルギー費	－ 4	50％増	－ 6
－変動労務費	－ 6		－ 6
－外注加工費	－ 5		－ 5
－外注物流費	－ 8	50％増	－12
－在庫金利	－ 1	100％増	－ 2
＝付加価値	▲ 4		11
－全ての固定費	－ 6	50％増	－ 9
＝キャッシュフロー	▲10		2

材料費の計算：まとめ買いの効果、相場買いの効果、廃棄損の影響
（100％－10％）×（100％－10％）×（100％＋5％）＝85％

【まとめ買いによる損益改善を、目指そう！】

TASK 38　期末日だけの在庫削減を、止めよう

「ゼロ在庫 MUST」「お金を寝かすな」「在庫回転数を上げよ」と言われながら、多くの現場で期中の在庫管理はほったらかしでした。本当に大切なことなら毎日管理しましょう。本気の活動が、行動を洗練させます。

▶▶最適在庫を決めたら、それを毎日管理しよう！

　在庫管理が重要だと言われながら、期末日以外の在庫管理が今まで手薄だったのは不思議なことです。今後は、最適在庫の目標を決めたら（例えば目標とする在庫回転数を決めたら）それに向かって毎日管理しましょう。維持すべき在庫の量は、過去数日（例えば3日間）の販売実績から求めた年換算の販売想定量を、目標の回転数で除すことで求められます。目標回転数は決め放しにせず、柔軟に変更し常に最適化していきます。在庫が余剰気味なら目標回転数を上げ、在庫が不足気味なら目標回転数を下げるなどです。**最適な目標回転数を見つけ出していけるノウハウの蓄積**が、新たな競争力に繋がります。

▶▶5つの在庫を、それぞれ最適に管理しよう！

　ひとくちに「在庫」といっても、原材料在庫、仕掛在庫、製品在庫などさまざまですから、それぞれに異なる在庫戦略を採用しなければなりません。また、工場在庫ばかりを削減するのではなく、当座資産（現金預金や売上債権）にも気を配らなければなりません。つまり、「5つの在庫」について、それぞれの管理戦略を最適化し、在庫全体のバランスを取っていく必要があります。

① 　原材料在庫を管理する

　原材料は、昨今のサプライチェーンの不安定化による供給途絶リスクや物価高騰リスクを考慮して一定額を備蓄します。部品・部材の標準化による陳腐化回避も同時に進めます。

② 　仕掛在庫と③製品在庫を管理する

　仕掛品は、工程の短縮によって自然に減らしていきます。製品在庫は廃棄損に繋がるケースが多いので作りすぎに注意します。この際、固定費を原価計算から切り放しておくことは、固定費配賦を薄めるためといった会計的な余剰生産の動機の解消に貢献します。また、在庫は期末日だけではなく通年の管理を当然の原則にしなければなりません（「不正直指数＝ゼロ」へ）。

④ 　売上債権と⑤現金預金を管理する

　売上債権は、顧客の利便性にも配慮しながら適切な回収を進めます。現金預金量の適正化を目指す時、目標にしている流動比率が高すぎるのであれば、金融機関等との積極的なコミュニケーションを通じて、目標を修正していかなければなりません。

第8章 ゼロ在庫から最適在庫へ！

Q. 在庫回転数を、毎日管理していますか？

	販売数	販売数3日平均	販売数年換算	在庫数（目標）	在庫数（実際）	必要な補充数
週末					2000	
4月 1日	76	76	19000	1900	1924	0
4月 2日	82	79	19750	1975	1842	133
4月 3日	85	81	20250	2025	1890	135
4月 4日	73	80	20000	2000	1952	48
4月 5日	70	76	19000	1900	1930	0
週末						
4月 8日	76	73	18250	1825	1854	0
4月 9日	76	74	18500	1850	1778	72
4月10日	88	80	20000	2000	1762	**238**
4月11日	82	82	20500	2050	1918	132
4月12日	79	83	20750	2075	1971	104

営業日：年250日／目標とする在庫回転数：10回転

4月8日〜10日の計算

販売数（3日平均）	（76個＋76個＋88個）÷3日＝80個
販売数（年換算）	80個×250日＝20000個
在庫数（目標）	20000個÷10回転＝2000個
補充数	2000個－1762個＝238個

年平均の目標在庫数
＝年間販売数÷目標回転数

在期金利の数量差異
＝（目標在庫数－実際在庫数）×管理目標としている利率

TASK 39 　在庫管理を変えれば、会社も変わる

在庫管理は、「すぐ変えられる」という点で、会社が変われたかどうかを
チェックする良い目安になります。会社の変化を従業員に目に見える形で
示せるのも在庫です。会社を変えるなら、まず在庫から変えましょう。

▶▶在庫管理を、戦略的に見直そう！

在庫管理の方針変更には、一般に大きな設備投資等は要りません。決断すれ
ばすぐに変えられるはずだという点で、会社が変われたのか／本気で変わろう
としているのかをチェックする良い目安になります。従業員の方々が会社の変
化を目に見える形で実感するのも、まずは在庫管理からでしょう。

★「お金を寝かさない」という視点で見直す

従来の「在庫が寝る＝お金が寝る」という説明は誤りでした。本気で「お金
を寝かさない」を目指すなら、流動比率に遡って目標を修正し、売上債権や当
座預金の滞留にも注意を払わなければなりません。

★真実の把握という視点で見直す

「在庫を減らす」という掛け声とは裏腹に、期中は放置しておき、期末日だ
け在庫を減らして見かけの在庫回転数を上げるという慣行（あるいは専門家の
指導）は有害でした。期中に在庫を減らせない理由があるなら、きちんと話し
合い、その障害を取り除く／目標を修正する、などの行動を起こすべきです。
期末在庫ではなく通年の平均在庫高を使って回転数を計算し、正しく在庫を管
理しましょう（不正直指数をゼロにするということ）。

★物価高騰と戦う視点で見直す

昨今の厳しい物価高騰と戦うには、まとめ買い・相場買いなどの柔軟な購買
戦略が絶対に不可欠です。当然のことながら、まとめ買いした原材料等をムダ
にしない工夫も同時に必要です。

★顧客志向という視点で見直す

在庫削減は顧客志向の発想ではなく、規模の大きな製造業側の勝手な都合で
した。これからは顧客志向や供給安定化の視点で最適な在庫量を模索し、事業
価値の最大化を目指さなければなりません。

▶▶在庫管理こそが、変革の出発点！

かつて製造業がゼロ在庫を指導されたのは、固定費を薄めるための余剰生産
が問題になっていたからです。「在庫の山」は経営管理の失敗を象徴する光景
でした。ところが今では「見かけを装う在庫削減」が経営管理の失敗を象徴す
る光景になっています。本当に必要なことは、**あるべき姿を考え、話し合い、
協力し合い、決めたことをきちんとやる姿勢**ではないでしょうか。

108

第8章 ゼロ在庫から最適在庫へ！

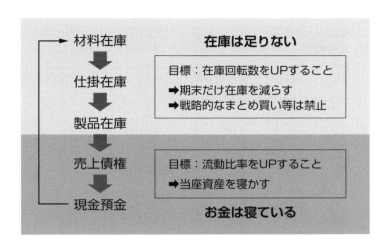

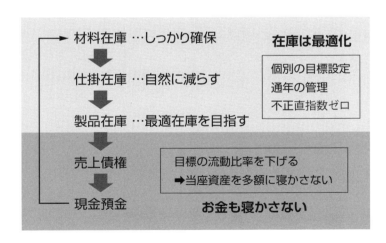

| TASK 40 | 本気でWACCを目指すなら、B/Sも変えよう |

WACC（資本コスト）の視点を持つと、目指すB/Sも変わります。寝て
いたのは在庫ではなく自己資本。従来の在庫管理の失敗を繰り返さないた
めにも、B/S側にもあった問題を理解し、解消しておきましょう。

▶▶B/S（貸借対照表）のあるべき姿を、どう変えていくか？

　上場会社（そして事業承継を目指す多くの非上場会社）にとって最も根本的
な経営責任はWACCの達成です。それにも拘らず、今まで「自己資本＝会社
のタダ金」という根強い誤解がありました。そのためむやみに高い自己資本比
率や無借金経営が喧伝される一方で、**多額の内部留保が寝かされて成長の妨げ
になっている**場面がありました。本気で事業の成長やWACCの達成を目指す
なら、目標とすべき理想のB/S（貸借対照表）も変わってくるはずです。

★自己資本比率の目標を見直す

　自己資本（＝資金提供者にとっての株式投資）はハイリスクで相対的に高コ
ストな資金です。その一方で、他人資本（＝資金提供者にとっての債券投資）
は、返済スケジュールの管理に高度な規律が求められる借入金ですが、実は相
対的に低コストです。ですから他人資本を適切な割合で利用することが
WACCの引き下げに繋がり、達成へのハードルを下げてくれます。闇雲な自
己資本比率の上昇や無借金経営が常に望ましいわけではありません。

★流動比率の目標を見直す

　しばしば「在庫を寝かすな」と指導されてきた製造業です。その理由は「お
金を寝かさない」だったはずですが、現実には**過度に高い流動比率の縛り**から、
多額の当座資産（現金預金等）が寝かされて成長を阻害してきました。本当に
「お金を寝かさない」を実現するためには、目標とする流動比率の見直しが必
要です。

★在庫回転数の目標を見直す

　今まで、多くの会社で「在庫を寝かすな」という指導が行われ、工場在庫だ
け、期末日だけ、の在庫圧縮が行われてきました。手を付けやすい売れ筋製品
や原材料の在庫圧縮が行われることも多く、在庫の質は低下、納期短縮や合理
的購買やサプライチェーン安定化の妨げにもなり、付加価値率全般の低下を招
いたのです。しかしこれから資源不足や物価高騰局面が続くなら、**在庫回転数
を上げるという目標は見直されなければならない**でしょう。そのポイントは、
①回転数上昇ではなく付加価値率の上昇で稼ぐという意識を明確に持つこと、
②原材料在庫は一定量の備蓄を前提とし、それをムダにしない製品開発（製品
モデルの計画的陳腐化の見直しも含む）を目指すこと、などです。

第8章 ゼロ在庫から最適在庫へ！

Q. 今までどちらのB/Sを、目指していましたか？

【WACC達成を意識していなかった時のB/S】

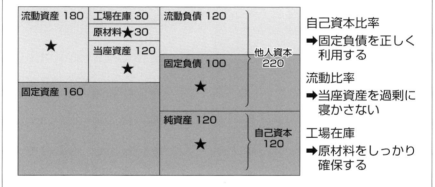

【WACC達成を意識しているB/S（★見直した部分）】

- ✔ 見かけだけやる
- ✔ 理由はわからないけどやる
- ✔ 期末日だけやる
- ✔ 工場在庫だけやる
- ✔ 疑問があっても言わない

【ゼロ在庫の道】

- ✔ 本気でやる
- ✔ 目指す理由を納得する
- ✔ 通年でやる
- ✔ 流動資産全体でやる
- ✔ 自由な討議で管理を洗練させる

【最適在庫の道】

演習問題

★問題 8-①

　J工業の来期予算における売り上げ目標は年 450 億円であり、目標としている流動資産回転数は 1.5 回転である。来期に維持すべき在庫高の目標値を求めよ。

〈答え〉

流動資産 ＝ 売上高 ÷ 流動資産回転数 ＝ 450 億円 ÷ 1.5 回転 ＝ 300 億円

★問題 8-②

　J工業の在庫資金の調達利率は年 2％が目標になっている。年間売上高 450 億円、流動資産回転数 1.5 回転を計画通り達成できた場合の在庫金利の金額を計算せよ。

〈答え〉

在庫金利 ＝ 維持されるべき流動資産 × 資金調達の利率
　　　　＝ 300 億円 × 2％ ＝ 6 億円

★問題 8-③

　J工業は 5 種類の流動資産について個別に回転数を設定することにした。それぞれの流動資産について、来期に維持すべき在庫金額の目標値を求めよ。なお目標は売上高と目標回転数から求めるものとする。売上高の目標は 450 億円で変わりはない。

	目標回転数	維持すべき金額
原材料	5 回転	（　　　　　）億円
仕掛品	30 回転	（　　　　　）億円
製品	18 回転	（　　　　　）億円
売上債権	3.6 回転	（　　　　　）億円
現金預金	10 回転	（　　　　　）億円

〈答え〉

原材料の金額 ＝ 売上高 ÷ 目標回転数 ＝ 450 億円 ÷ 5 回転 ＝ 90 億円
仕掛品の金額 ＝ 売上高 ÷ 目標回転数 ＝ 450 億円 ÷ 30 回転 ＝ 15 億円
製品の金額 ＝ 売上高 ÷ 目標回転数 ＝ 450 億円 ÷ 18 回転 ＝ 25 億円
売上債権の金額 ＝ 売上高 ÷ 目標回転数 ＝ 450 億円 ÷ 3.6 回転 ＝ 125 億円
現金預金の金額 ＝ 売上高 ÷ 目標回転数 ＝ 450 億円 ÷ 10 回転 ＝ 45 億円

★問題 8-④

 J工業の当期売上は 424 億円だった。また、貸借対照表は以下の通りであった。下記の財務指標を求めよ。

当座資産	280 億円	流動負債	155 億円
在庫	42 億円	固定負債	27 億円
固定資産	172 億円	純資産	312 億円
合計	494 億円	合計	494 億円

流動比率　　＝（　　　％）　　在庫回転数　　＝（　　　回転）
当座比率　　＝（　　　％）　　流動資産回転数＝（　　　回転）
自己資本比率＝（　　　％）

〈答え〉
流動比率 ＝（280 億円 ＋ 42 億円）÷ 155 億円 ＝ 208 ％
当座比率 ＝ 280 億円 ÷ 155 億円 ＝ 181 ％
自己資本比率 ＝ 312 億円 ÷ 494 億円 ＝ 63 ％
在庫回転数 ＝ 424 億円 ÷ 42 億円 ＝ 10 回転
流動資産回転数 ＝ 424 億円 ÷（280 億円 ＋ 42 億円）＝ 1.3 回転

★問題 8-⑤

 J工業の1年間の在庫の動きは以下の通りであった。
  ✔ 在庫管理システムのデータ（電子棚卸）から求めた通年の平均在庫は 70 億円
  ✔ 四半期ごとの実地棚卸から求めた平均在庫 42 億円（貸借対照表の通り）

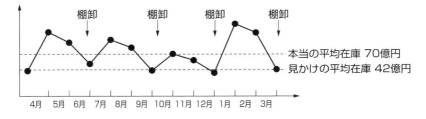

〈設問〉
 J工業の在庫の不正直指数（Dishonesty Index／定義は下記参照）はいくらか？

$$DI = \frac{\text{本当の平均在庫} - \text{見かけの平均在庫}}{\text{本当の平均在庫}} = \frac{(\quad 億円) - (\quad 億円)}{(\quad 億円)}$$

　　　＝（　　％）

〈答え〉 40 ％

★問題 8-⑥

　J工業の正常月の売上は 35 億円、売上総利益は 14 億円（いわゆる粗利率 40％）だった。

A．問題 8-⑤を前提とし、実地棚卸に伴う混乱期間を棚卸前 1 週間、棚卸後 1 週間（合計で 0.5ヶ月）とする。また現状においては売上高は在庫高に比例して変化する関係にあると仮定すると、

　棚卸月の売上高の減少は、DI(40％)×(0.5ヶ月)×(1/2) = 10％
（　　億円）

　年 4 回の棚卸実施で、(　　億円)×4 回 = (　　億円)となる。

　したがって年間の粗利の減少は、(　　億円)×40％ = (　　億円)となる。

B．在庫削減の目的は在庫金利の節減とされていた。在庫金利は年 2％だったと仮定して J 工業がどれくらいの在庫金利を節減できたか計算してみる。

　まず実地棚卸 1 回あたりの金利節約効果は、

　((　　億円)－(　　億円))×(0.5ヶ月)×(1/2)×(2％/12ヶ月) = (　　)億円

　したがって年 4 回の在庫削減による在庫金利の節減は、(　　億円)×4 回 = (　　億円)

C．在庫削減の効果は、年間で A + B = (　　億円) + (　　億円) = (　　億円)

〈答え〉

A．棚卸月の売上高の減少は、DI(40％)×(0.5ヶ月)×(1/2) = 10％（3.5 億円）

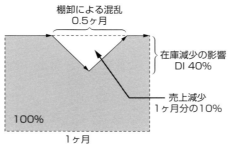

　年 4 回の棚卸実施による売上高の減少は(3.5 億円)×4 回 = (14 億円)
　年間の粗利の減少は(14 億円)×40％ = (5.6 億円)

B．(70 億円 － 42 億円)×0.5ヶ月×(1/2)×(2％/12ヶ月) = 0.01 億円

　年間の在庫金利の減少は(0.01 億円)×4 回 = (0.04 億円)

C．A + B = ▲5.6 億円 + 0.04 億円 = ▲5.56 億円（損失）

　他にも棚卸前の投売損や棚卸後の残業損などがある。在庫削減が目的化している事例が多いが、その本来の目的は何だったかを確認しよう。

第9章
固定費が強い会社を作ろう！

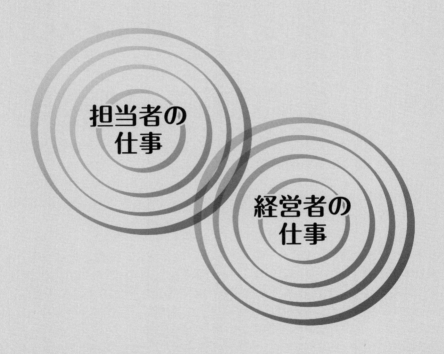

変動費／固定費を分離すべき理由は多々ありますが、最も根本的な理由は、変動費は担当者が管理する費用／固定費は経営者が管理する費用だということです。担当者の頑張り（売上高〜変動費〜付加価値）を見たうえで生産性を評価し、経営者は会社を強くするための意思決定をしていきます。

TASK 41　固定費は経営資源であることを、確認しよう

健康を目指すダイエットの目標が決して「体重＝ゼロ」ではないように、コストダウンの目標も「全ての費用＝ゼロ」ではありません。固定費はコストでなく経営資源だからです。

▶▶変動費（コスト）と固定費（資源）の管理目標の違いを、確認しよう！

　多くの場面で混同されてきましたが、コストダウン（なるべく使わない）の対象になるのは変動費だけです。固定費の管理目標はコストダウンではなく生産性向上（しっかり使う）なので注意してください。変動費と固定費の管理目標の違いは、**それぞれの管理責任の所在の違い**から生じます。事業活動を始める時、まず経営者はヒト・モノ・カネなどの経営資源を準備します。この段階でヒト・モノ・カネに関する固定費の金額が決まります。次に経営者は、担当者に売上や変動費の管理を委ねます。担当者は売上の増加と変動費の節減（コストダウン）に努め、両者の差額である付加価値の最大化を目指します。その後、経営者は各経営資源のパフォーマンス（生産性）を評価し、**各経営資源の維持・増強・放棄に関する意思決定**をして会社を強くしていきます。

　以上により、変動費は担当者が管理責任を負って節減に努めるべき費用、固定費は経営者が自らの責任で管理し、生産性評価を通じて強い会社を作っていくための費用であることがわかります。

▶▶3つの経営資源（ヒト・モノ・カネ）の管理を、成功させよう！

★ヒトの管理：最も重要な経営資源である従業員（ヒト）の管理の軸は生産性です。従業員の生産性は、従業員が稼ぎ出した付加価値と、従業員に支払っている固定労務費の比（労務費生産性）などで評価します（第10章参照）。この評価に基づいて、経営者は各部門の維持・支援・増員・減員などの意思決定をし、最強チームの編成を目指します。付加価値あればこその決定です。

★モノの管理：製造業にとって重要な生産設備（モノ）については、①それが自社物件であれば取得時点でIRRの評価を行い（第12章参照）、会社全体が担えるWACCの最大化を目指します。②もしそれがリース資産等であるなら、従業員の評価と同様の評価（生産性の評価）を行ったうえで、各設備の維持・強化・放棄の意思決定をします。

★カネの管理：資本（カネ）については、他人資本と自己資本の組み合わせでWACCを最適化したうえで、達成を目指す目標WACCを決めます。また、さまざまなプロジェクトを組み合わせIRRの最大化を目指します。最大化されたIRRが目標WACCを確実に上回るように計画を立てなければなりません（第

12章参照)。IRRが十分に高いプロジェクト案が存在しない時は、配当・償還を行い資本(カネ)を寝かさないようにします。IRRあればこその判断です。

Q. コストと経営資源の違いって、何ですか？

担当者の仕事
コストと戦う
付加価値を最大化する

売上高
－全ての変動費
＝付加価値

◀ ここで生産性評価 ┈┈

－ヒトの固定費
－モノの固定費
－カネの固定費（WACC）
≒キャッシュフロー

経営者の仕事
ヒト・モノ・カネの強化・処分の判断
強い会社を作る

ヒトの強化	モノの強化	カネの強化
固定労務費の管理 ①生産性の評価 ②経営的意思決定 　（維持・強化・支援） 第10章・第11章	減価償却費の管理 ①IRRの評価 ②経営的意思決定 　（設備投資判断） 第12章・第13章	資本コストの管理 ①WACC達成評価 ②経営的意思決定 　（調達・配当・償還） 第12章・第13章

【変動費は担当者が管理】／【固定費は経営者が管理】

TASK 42 ヒトが強い会社を作ろう（その①）

一口に「ヒトの管理」と言っても、変動労務費（コスト）と固定労務費（経営資源）では、管理の仕方が異なります。両者のけじめある管理が生産性向上へのカギです。従業員はコストではなく資源なのです。

▶▶ヒトをコストとして管理するのか？　資源として管理するのか？

「人はコストだ」と言われ続けてきました。しかしコスト（変動労務費）と資源（固定労務費）をゴチャゴチャにしていたのでは、労務費の管理は成功しません。改めてコストと資源の違いを確認しておきましょう。コストとしての管理（使いすぎないよう節減に努める）の対象になる労務費は変動労務費です。日雇いやアルバイト的な働き方が想定されます。これに対して経営資源としての管理（しっかり使って生産性を向上させ、育成する）の対象になる労務費は固定労務費です。正社員の方々が想定されます。変動労務費と固定労務費を区分するポイントは、**経営がその人をどう管理したいと考えるか**です。現状はアルバイトや日雇いや非正規雇用の方であっても、生産性を向上させ人材として育成し正社員登用を目指すなら、経営資源としての管理の対象になるでしょう。

▶▶「コストの道」と「資源の道」、違いを知ろう！

固定労務費を担う方々に期待される働き方は「資源の道」です。資源の道の要諦は、自分自身や、自分自身の職務の価値を自主的に高めていくことであり、能動的な姿勢や行動が求められます。「資源の道」の人の評価は**パフォーマンスの良否**で行います。

他方、変動労務費を担う方々に対して想定される働き方は「コストの道」です。コストの道の要諦は、指示されたことを逸脱なくきちんとやることです。「コストの道」の人の評価は、もっぱら**指揮下にあった勤務時間の長短で行われる**ことになるでしょう。

▶▶「コストの道」と「資源の道」を、混同しない！

長年「人はコストだ」と言われてきたことにも表れているように、今まで変動労務費と固定労務費が**けじめなく管理されてきた**ことが、コストダウン（変動費の管理）と生産性向上（固定費の管理）の失敗につながってきました。正社員をコスト扱いし（自主的な活動の場面を作らず、パフォーマンスの評価もしない）勤務時間の長短だけで管理していると、**自主性を失って本当にコストとしての態度を身につけてしまいます**。逆に、アルバイト・日雇い・非正規の方々に自主的な頑張りを要求すれば、それはタダ働きの強要として、コンプライアンス違反にも繋がるので注意しなければなりません。

第9章　固定費が強い会社を作ろう！

Q. ヒトはコストですか？　資源ですか？

売上高
　－材料費
　－変動光熱費
　－変動労務費…コストの道（アルバイト的な働き方）
　－外注加工費
　－変動配送費
　－変動販促費
　－在庫金利
　＝付加価値

　－固定労務費…資源の道（正社員に期待される働き方）
　－減価償却費
　－資本コスト
　≒キャッシュフロー

【変動労務費と固定労務費の違い】

✔ 指示待ち、やらされ感　　　　✔ 仕事を取りに行く、達成感
✔ 不満や批判ばかり　　　　　　✔ 夢や理想を語る
✔ 質問しない　　　　　　　　　✔ 好奇心に満ちている
✔ 言われたことだけやる　　　　✔ 仕事の範囲を広げていく
✔ やったふりをする　　　　　　✔ 責任感がある
✔ いつまでも同じやり方　　　　✔ 仕事のやり方をどんどん進化

　　【コストの道】　　**【資源の道】**
（勤務時間で管理する）　　　　（パフォーマンスで管理する）

TASK 43　ヒトが強い会社を作ろう（その②）

取り上げるだけでは人は育ちません。人材育成の第一歩は任せること。でも任せた資源を無駄にしないためには、生産性も正しく測定しなければなりません。「任せる」「測る」「支援する」が人を育てます。

▶▶「縮小と衰退の悪循環」に、注意しよう！

　今まで多くの職場で、正社員が「コストの道」で管理されてきました。ヒトはコストとして管理されると、本当にコストとしての態度を身につけてしまいます。「コストの道」の管理とは、例えば以下のような場面が該当します。

★時間や予算を任せていなかった

　① 勤務時間が厳密に規定され自由度が全くない（事務部門の正社員の場合）
　② 厳しいムダ取りの対象にされてきた生産作業（製造部門の正社員の場合）
　③ 自分の発意で提案したり予算をもらえる仕組みがない

★生産性が測定・管理されていなかった

　④「生産性を向上せよ」と言われながら、生産性が明確に定義されていない
　⑤ 厳しく時間管理される一方で、達成すべきことは案外と曖昧なまま
　⑥ テレワークで着席時間が厳しく監視されていた

★その他の問題

　⑦「君たちはコストだ」と、いつも言われ続けている
　⑧ 成果を上げても、正社員に登用されたり重要ポジションに抜擢されることがない

▶▶「成長と分配の好循環」を、目指そう！

　人材育成の原則は、①任せることと、②生産性を測ることの組み合わせです（人材育成の方程式）。今まで多くの職場で、時間や予算は取り上げられる一方でした。これでは人材は育ちません。イノベーションも起きません。厳しい経営環境であればあるほど、人材育成は急務ですが、その最初の一歩は、自主性の芽のある従業員を発見して小さな資源（時間や予算）を任せることです。**取り上げられることに馴れてしまっているケースが多い国内製造業**ですが、10人中の1人でも「○○をやってみたい！」という思いがある従業員を見つけて資源を任せてみましょう。「やりたい」がある人は伸びる人、「やりたい」がない人は伸びない人です。その従業員が伸び悩んでいたら（生産性の測定で把握／第10章参照）支援します。小さな資源で成果を上げたら（生産性の測定で把握）、次は大きな資源を任せます。この成功を見て**「自分もやってみたい！」**と思う従業員が次々と現れれば、成長と分配の好循環が具体的に実現されていきます。

第9章　固定費が強い会社を作ろう！

何かを任せなければ、成長は始まりません！

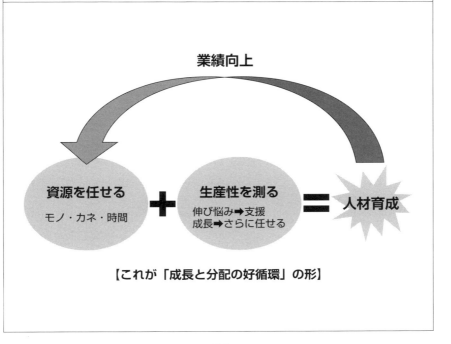

TASK 44　モノ・カネが強い会社を作ろう（その①）

設備投資は事業の成長や「成長・分配の好循環」の起点となる重要な活動です。ここで失敗すれば挽回は不可能。日々のコストダウンも消し飛びます。しかし私たちはその適切な方法をきちんと習ってきませんでした。

▶▶勘と気合いの設備投資を、卒業しよう！

　設備投資は、小さな会社の設立のようなものです。それは事業の成功や、「成長と分配の好循環」の起点になる活動でもあります。もし設備投資で失敗すれば、後から頑張っても挽回できません。例えばカイゼン活動は日本のモノ作りのお家芸でしたが、後からカイゼンで大汗を流すくらいなら、**最初からしっかりした計画を立て、正しい設備投資**をする努力をすべきだったのです。ところが私たちは、一般にその方法を習いません。そこで従来、国内各社では、設備投資や研究開発などのプロジェクトに関する意思決定（GO／NOT GO の判断）を「勘と気合い」「他社横並び」「前例踏襲」「○○部長だから OK」といった方法で行うケースが多かったのです。DX 関連で「予算を取るために良いプレゼンをしよう！」といったノウハウ本も提供されています。担当者が常に良いプレゼンを心がけるべきことは当然ですが、実のところ、**プレゼンの良否とプロジェクトの良否は全く関係ありません**。プレゼンが良くても悪くても、悪いプロジェクトは悪いプロジェクトであり、良いプロジェクトは良いプロジェクトだからです。そしてプロジェクトの本当の良否とは、何らかの会計的手法によって評価されなければなりません。

▶▶客観性のある評価方法を、使おう！

　近年では、CO_2の削減などで「補助金が取れたのでやる」「社長の肝煎りなのでやる」といった意思決定も増えました。経営意思に基づく主体的な決定は、主体性のない決定よりは遙かに優れていますが、それが採算の取れるプロジェクトなのかどうかの会計的評価も必ずしておかなければなりません。そうでなければ、**後で事業の重荷になってしまう**からです。会計的評価の方法としては、今まで「回収期間法」が用いられるケースが多かったようです。これは設備投資額と、そのプロジェクトから回収されるお金を比較し、投資総額を回収総額が何年で上回るのかを評価する方法です。2〜3 年以内の回収が GO／NOT GO の目安にされるケースが多いようです。回収期間法は簡便で分かりやすい評価方法ですが、2〜3 年といった短期間での回収を想定した評価であること（結果として、**長期的な構造変革プロジェクトの評価には向かない**）や、WACC の達成可能性を考慮していないといった限界もありました。

Q. どんな方法で、起案を承認していますか？

- ✔ 他社横並び法
- ✔ 前例踏襲法
- ✔ 勘と気合い法
- ✔ プレゼン良ければ OK 法
- ✔ 部長だから OK 法
- ✔ 若手だから NG 法
- ✔ 補助金取れたからやろう法
- ✔ 社長の肝煎り法
- ✔ 回収期間法（客観性○／長期×）

- ✔ NPV 法
  （あまり使われていない）
- ✔ IRR 法
  （さらに使われていない。）

【今まで多かった方法】 【これから必要な方法】

（単位：万円）

	0年目	1年目	2年目	3年目	4年目	NPV WACC10%	IRR
X案	−1200	500	400	300	200	−53	7.6%
累積		−700	−300	0	200	判断×	判断×
Y案	−1200	300	400	500	600	189	16.3%
累積		−900	−500	0	600	判断○	判断○

初期投資　　　　　　　**回収完了**

- ✔ 回収期間法では、X案・Y案ともに GO（3年で回収完了）
- ✔ NPV法では、X案はマイナスなので NOT GO、Y案はプラスなので GO
- ✔ IRR法では、X案は15％を下回り NOT GO、Y案は15％を上回るので GO
  （会社の目標 WACC は10％、認可基準は IRR15％以上となっている場合）

【回収期間法では、WACC の達成可能性を判断できません】

> **TASK 45** モノ・カネが強い会社を作ろう（その②）
>
> 設備投資を成功させるには、WACCとIRRで計画を評価します。それが
> 上場会社の根本的責任であり、非上場会社にとっても「最も儲かる計画」
> を見つけ出す方法です。厳しい環境に備えて慎重な判断をしましょう。

▶▶会社の根本的な責任（WACC）を、必ず達成しよう！

　WACC（資本コスト）は、会社が達成しなければならない最も根本的な責任
です。ですから設備投資に際してはWACCの達成可能性を必ず評価してGO／
NOT GOの判断をしなければなりません。WACCは自己資本のコストと他人
資本のコストの両方から構成されます。**会社の「所有と経営の分離」が進んで
いる上場会社の場合**、一般に自己資本のコストの方が、他人資本のコストより
も高いのが通例です。これに対して非上場会社など、**会社の所有と経営が分離
していない場合**には、自己資本のコストをどのような水準に設定するかはオー
ナー経営者の考え方次第でしょう。「自己資金なのでタダで良い」と言われる
場合もありますが、一般的に期待される水準で自己資本コストを達成できてい
なければ、銀行借入や、会社の事業承継に支障をきたすリスクがあります。

▶▶実績から目標WACCを決め、さらに目標IRRを決めよう！

　他人資本のコスト（銀行金利など）と自己資本のコスト（株主期待）から、
WACCの実勢値を求めましょう（例えば9.2％）。この実勢値を踏まえて、社
内共有すべき目標値としてのWACCを決めます（例えば10％）。目標を定め
たら、会社の全ての事業活動を、WACC達成に向かって連携させなければな
りません。WACCを必達するには、設備投資プロジェクトの場面で、計画上の
IRR（第12章参照）を目標WACCよりも相当程度、高い水準に設定しておく
必要があります。例えば、目標WACCが10％の場合、増産プロジェクトは
IRR15％以上、研究開発プロジェクトならIRR20〜30％以上を認可基準とする
などです。これにより、**計画内容の甘さや実行リスクをカバー**します（不利な
要素の見落としや、想定を超えた事業環境の悪化に備えるということです）。

▶▶非上場会社でもIRR法を使うべき理由を、知ろう！

　非上場のオーナー企業もIRR法を使いましょう。その理由は、①借入金の返
済について評価する必要があること、②**IRRが高いプロジェクトは最も儲かる
プロジェクト**であること、③一定水準以上のIRRを目指さないことは成長の放
棄であり、厳しい競争環境の中で事業が消滅していくリスクが高まること、④
事業承継への障害にならないようにするため、などです。

第9章 固定費が強い会社を作ろう！

Q. 目標〜計画〜実行管理が、繋がっていますか？

【目標WACCを確認】

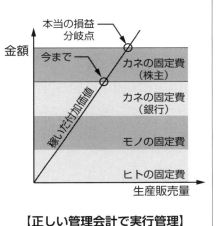

【正しい管理会計で実行管理】

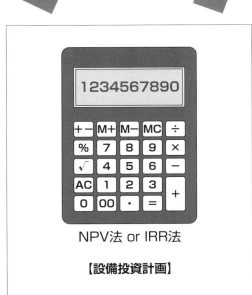

NPV法 or IRR法

【設備投資計画】

演習問題

★問題 9-①

K工業では、現状の販売活動強化による売上数量増加で、当期424億円の売上高を来期450億円まで伸ばす計画を立てていた。ところが競争激化により売価が4％下がる可能性があると指摘されている。さらに材料費の高騰なども予想され、業績の悪化も懸念される。そこで顧客の納期短縮要請に応えて売価を維持すべく、原材料在庫を増やすことを検討開始した。しかし社内には在庫を増やすことへの抵抗感が根強く、実際に固定労務費や資本コストの増加も予想されている。そこで会計的な検討によって意思決定することにした。以下の表を完成させ、在庫を増やすことの是非を判断せよ。

		来年（成り行き）		来期（修正）	
売上高		432 億円	※1	(	) 億円
材料費		240 億円	※2	(	) 億円
変動労務費		40 億円		40	億円
外注加工費		35 億円		35	億円
外注物流費		40 億円	※3	(	) 億円
在庫金利		5 億円	※4	(	) 億円
付加価値		72 億円		(	) 億円
固定労務費		30 億円	※5	(	) 億円
減価償却費		30 億円		30	億円
資本コスト	（銀行）	5 億円	※6	(	) 億円
	（株主）	5 億円	※6	(	) 億円
キャッシュフロー		2 億円		(	) 億円

※1：納期短縮要請に応えることで、売価が4％下がらずに済むと見込まれる。
※2：原材料確保のためのまとめ買いで、材料費が10％節減できると見込まれる。
　　　ただし、廃棄損が2.5％増加すると予想される。
※3：納期短縮のため、外注物流費が44％増加すると見込まれる。
※4：まとめ買いにより、在庫全体（本当の平均在庫）が2倍になり、在庫金利も2倍
　　　になる。
※5：人員増強により固定労務費は20％増えると見込まれる。
※6：資本コストは20％増えると見込まれる。

結論

　株主利益が（　　）億円（増える／減る）ので、在庫を（増やすべき／減らすべき）。

第9章 固定費が強い会社を作ろう！

設問の※1～※6の事象の影響を順次に評価する。

		来年（成り行き）		来期（修正）
売上高		432 億円	※1	(450) 億円
材料費		240 億円	※2	(221.4) 億円
変動労務費		40 億円		40 億円
外注加工費		35 億円		35 億円
外注物流費		40 億円	※3	(57.6) 億円
在庫金利		5 億円	※4	(10) 億円
付加価値		72 億円		(86) 億円
固定労務費		30 億円	※5	(36) 億円
減価償却費		30 億円		30 億円
資本コスト	（銀行）	5 億円		(6) 億円
	（株主）	5 億円		(6) 億円
キャッシュフロー		2 億円		(8) 億円

※1：432 億円÷(100％−4％)＝450 億円
※2：240 億円×90％×102.5％＝221.4 億円
※3：40 億円×144％＝57.6 億円
※4：5 億円×200％＝10 億円
※5：30 億円×120％＝36 億円
※6：5 億円×120％＝6 億円
　　　5 億円×120％＝6 億円

結論
　成り行きの株主利益は 5 億円＋2 億円＝7 億円
　修正後の株主利益は 6 億円＋8 億円＝14 億円
　株主利益が（ 7 ）億円（増える／減る）ので、在庫を（増やすべき／減らすべき）。

※もちろん、常に在庫を増やした方がよいというわけではない。

★問題9-②

K工業の過去の実績では、ある年に労務費を5％削減すると、従業員のモチベーションの低下によって翌期の売上高が1％減少、変動費は1％増加する傾向が見いだされた。逆に、労務費を5％増加して生産性のモニタリングを踏まえた適切な指導を行えば、翌期の売上高が1％増加、変動費が1％減少すると期待されている。労務費を毎年5％ずつ削減した場合（ケースA）／毎年5％ずつ増加した場合（ケースB）の、K工業の当期・来期・再来期の損益を予想せよ。

単位：億円	労務費を毎年5％ずつ削減 ケースA				労務費を毎年5％ずつ増加 ケースB			
	前期	当期	来期	再来期	前期	当期	来期	再来期
売上高	100	( )	( )	( )	100	( )	( )	( )
変動費	85	( )	( )	( )	85	( )	( )	( )
付加価値	15	( )	( )	( )	15	( )	( )	( )
固定労務費	3	( )	( )	( )	3	( )	( )	( )
減価償却費	2	2	2	2	2	2	2	2
固定金利	5	5	5	5	5	5	5	5
株主利益	5	( )	( )	( )	5	( )	( )	( )

〈答え〉

単位：億円	労務費を毎年5％ずつ削減 ケースA				労務費を毎年5％ずつ増加 ケースB			
	前期	当期	来期	再来期	前期	当期	来期	再来期
売上高	100	100	99.00	98.01	100	100	101	102.01
変動費	85	85	85.85	86.71	85	85	84.15	83.31
付加価値	15	15	13.15	11.30	15	15	16.85	18.70
固定労務費	3	2.85	2.71	2.57	3	3.15	3.31	3.47
減価償却費	2	2	2	2	2	2	2	2
固定金利	5	5	5	5	5	5	5	5
株主利益	5	5.15	3.44	1.73	5	4.85	6.54	8.23

本問では、労務費の増減割合は5％であるのに対して、売上高の増減割合は1％、変動費の増減割合も1％で計算を行っている。労務費の増減割合が、売上高や変動費の増減割合の5倍もあるのに、来期・再来期の株主利益がケースAで減少（縮小と衰退の悪循環）、ケースBで増加（成長と分配の好循環）になるのは、固定労務費に較べて売上高や変動費の金額が遙かに大きい場合である（労務費レバレッジ）。

第10章
生産性を正しく管理しよう！

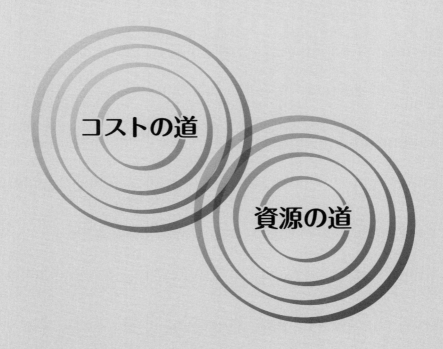

「生産性を向上しなさい！」と言われ続けてきました。しかし不思議なことに、今まで生産性の定義は曖昧でした。生産性を会計的に管理すること、とりわけ非定型業務に従事するホワイトカラーの生産性をきちんと管理することが、日本の生産性を回復するための第一歩です

TASK 46　ストップウォッチ管理の限界を、知ろう

製品の付加価値が高く、同じ製品を作り続ければすんだ時代には、繰り返し作業に要する標準時間（ノルマ）の管理が重要でした。しかし、今は新しい価値創出が必要な時代です。必要な生産性の定義も変わります。

▶▶科学的管理法の始まりについて、考えてみよう！

　今まで、日本国内で広く使われてきた生産性評価の方法は、作業の標準時間（ノルマ）と、実際の実績時間の差を見るものでした。仮に標準時間（ノルマ）が20分、実績時間が10分だった場合、（20分－10分）÷20分＝50％の生産性向上が評価されます。これは約100年前（20世紀初頭）に始まった科学的管理法に起源を有する生産性の評価方法です。当時は、ベルトコンベア式の大量生産ラインが広く導入され始めると共に、労使対立が激しくなっていました。そんな時代背景の中で、工場内の作業者（いわゆるブルーカラー）の働きをしっかり管理するために考案されたのが、**ノルマの設定やストップウォッチを使った科学的管理法**だったのです。これと同じく20世紀初頭にデザインされた財務会計において、売上原価（実質的に製造原価）から販売費（一般管理費と併せて販管費と呼ばれるもの）が切り放されていることも、工場の作業を重点的に管理する目的があったからだと考えられます。（TASK 14参照）

▶▶標準時間（ノルマ）に基づく管理の限界を、考えてみよう！

　科学的管理法に基づく工場作業者の生産性管理は、20世紀を通じ大きな役割を果たしてきました。今日、国内で指導されているコスト削減やムダ取り活動の多くも科学的管理法の流れを汲むものです。しかし21世紀に入ってからは深刻な限界も生じています。

限界①：標準時間に対する実績の時間短縮を評価する方法なので、標準時間が決められない非定型作業の評価には使えない。しかし21世紀になって重要性を増しているのは、むしろ**非定型作業（企画力やイノベーション力）**だという限界がある。

限界②：いつまでも工場作業者（ブルーカラー）ばかりがターゲットにされがちで、サプライチェーン上の他の活動に目が向き難かった。しかし21世紀の今日、自動化や標準化が進んだことで工場内作業の管理の良否は主たる競争力の源泉ではなくなり、むしろ**工場外の活動（調達・配送・販売・企画・IT）**の管理が重要度を増している。

限界③：あくまでも同一製品の生産効率を評価する方法なので、**現状に埋没しがち**。製品やビジネスそのものが陳腐化していても気がつかず、評価に反映さ

第 10 章　生産性を正しく管理しよう！

れない。

　これらの限界を解消する方法が、付加価値に基づく生産性の評価です。

Q. 100年前の方法で、生産性を測っていませんか？

【科学的管理法が考案されたのは、100年前でした】

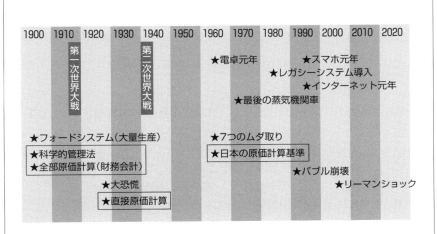

【財務会計・管理会計・原価計算基準がレガシー化しています】

TASK 47　成長につながる生産性評価を、始めよう

勤勉なはずの日本の生産性が先進国グループから脱落しました。それは私たちが、付加価値を軸にした事業活動をしてこなかったことの当然の結果です。事業と経済の復活を目指すなら、付加価値を管理しましょう。

▶▶日本のGDPが低迷している理由を、考えてみよう！

　本来勤勉な国民性を誇る日本の生産性が低迷しています。かつて世界第2位を誇ったGDPは、中国に次いでドイツにも抜かれて4位転落。ドイツの労働人口は日本の約3分の2ですから、日本の生産性はドイツの3分の2（つまり収入も3分の2）ということになります。日本の生産性はG7全体で見ても最下位で、**もはや先進国グループから脱落している状況**です。日本のGDP（あるいは生産性）が長期の低迷に入ったきっかけについては、さまざまな説明の仕方があるようです。しかし勤勉であるにもかかわらず（！）未だに順位を落とし続けている原因は、日々の努力の目標設定に誤りがあるからです。目標設定に誤りがあるのは、従来の会計（財務会計・古い管理会計）に誤りがあるからです。そして従来の会計の最大の誤りとは、付加価値が可視化されてこなかったことでした。なぜなら、会計が付加価値を可視化し、各社各人が付加価値の最大化に向かって努力しなければ、その国内合計であるGDPが成長するはずはないからです。

▶▶新しい生産性評価について、考えてみよう！

　付加価値を増やすことは、利益を増やすこととはかなり違います（TASK 05参照）。事業活動が稼ぎ出した付加価値は、ヒト（従業員）、モノ（設備投資）、カネ（銀行や株主）などに分配されていきますが、仮に付加価値が増えていなくても、ヒトやモノへの分配を減らせば、一時的に株主への分配（利益）を増やせてしまうからです。しかしこれは**「縮小と衰退の悪循環」への入口**です（TASK 25参照）。分配を減らされた従業員のモチベーションは低下し、付加価値も減り、結果的には株主利益（株主の取り分）が減っていくことになるでしょう。これが過去30年、国内で指導されてきた近視眼的な「経営革新」の1つの現実でした。この悪循環を脱して**「成長と分配の好循環」に向かう**には、付加価値を可視化できる管理会計を使って、付加価値の最大化を目指した経営管理を始めなければなりません。①思い切った事業構造の転換、②思いきった人材採用や重要ポジションへの登用、③多様性の受容、④思い切った発想（イノベーションの芽）の受容などが必須です。その時、当然に問われるべき生産性も、古い科学的管理法に基づくノルマ評価から、付加価値創出に基づく新しい指標（「付加価値÷○○」）にシフトする必要があります。

第10章 生産性を正しく管理しよう！

会計の誤り ➡ 目標の誤り ➡ 生産性の低下、です！

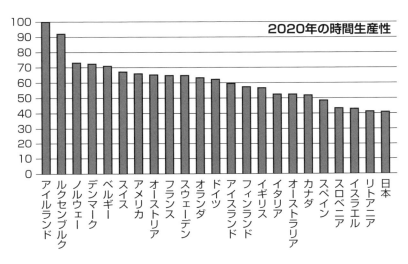

2020年の時間生産性

アイルランド / ルクセンブルク / ノルウェー / デンマーク / ベルギー / スイス / アメリカ / オーストリア / フランス / スウェーデン / オランダ / ドイツ / アイスランド / フィンランド / イギリス / イタリア / オーストラリア / カナダ / スペイン / スロベニア / イスラエル / リトアニア / 日本

【勤勉な日本の生産性が、順位を落とし続けている】

売上高
　－売上原価
　＝売上総利益

　－販売費
　－一般管理費
　＝営業利益

　－在庫金利
　＝経常利益

【財務会計】
付加価値が読み取れない

売上高
　－全ての変動費
　＝**付加価値**

　－ヒトの固定費
　－モノの固定費
　－カネの固定費
　＝株主利益

【今、必要な管理会計】
付加価値が読み取れる

133

TASK 48　付加価値による生産性評価を、始めよう

今まで生産性評価の基準になってきた標準時間は恣意的なものです。近年の頻繁なモデルチェンジでさらに客観性を失いました。標準時間を使わない指標が必要です。それはホワイトカラーの管理も可能にします。

▶▶標準時間による評価と、付加価値による評価の違いを、知ろう！

　今まで広く使われてきた科学的管理法に基づく生産性評価では、標準時間（ノルマ）が20分、実績時間が10分だった場合に、50％（＝（20分－10分）÷20分）の生産性向上が評価されます。しかし付加価値を軸にした生産性評価を試みると、**結果は大きく違ってくるかもしれません**。例えば、先ほどのように作業時間が20分から10分に短縮できたとしても、その作業が生み出している製品の付加価値が1000円から500円に半減していたら、真の生産性が向上したとはいえないからです。付加価値を軸にした生産性評価の指標はいろいろありますが、代表的なものは以下の3つです。

> ★付加価値÷固定労務費を担う従業員数
> ★付加価値÷固定労務費の金額
> ★付加価値÷固定労務費を担う従業員の勤務時間
>
> 　いずれも評価に標準時間を使っていない

▶▶標準時間に基づく評価の他の弊害を、知ろう！

　他方、標準時間に基づく生産性評価には、

> ① 定型作業にしか使えず、非定型作業（あるいはイノベーション）に応用できない
> ② 定型作業が作り出している製品の付加価値が減っても、評価には反映されない

などで現状への埋没リスクがありますが、その他にも以下の問題を抱えています。

> ③ そもそも標準時間（ノルマ）を適切に設定することが難しくなっている
> ④ 実績時間が短縮できていても、その短縮分が手待ちになっていたら意味がない

③の説明：昨今では製品のモデルチェンジが激しく、過去実績に基づかずに標準時間を決めなければならないケースが増えました。この時、安全目に（長目に）標準時間を決めておけば実績時間との差が大きくなり、**実態がない生産性向上の成果**を簡単に作り出せてしまえるという問題があります。多くの現場で見かける状況です。

④の説明：標準時間に対する実績時間が本当に短縮できていたとしても、その短縮分が**手待時間（無意味にブラブラしている時間）**になっていたら、生産性が向上したとは言えません。（この問題はTASK 54で再検討します）

Q. 生産性って何ですか？ それをどう評価しますか？

$$生産性 = \frac{標準時間 - 目標時間}{標準時間}$$

$$= \frac{20分 - 10分}{20分}$$

$$= 50\%向上$$

【ノルマによる生産性評価 ➡ 向上したように見える？】

$$\frac{稼いだ付加価値}{作業時間} = \frac{1000円}{20分} = 50円/分$$

$$\frac{稼いだ付加価値}{作業時間} = \frac{500円}{10分} = 50円/分$$

【付加価値による生産性評価 ➡ 向上していなかった！】

TASK 49　各部門の生産性の指標を、繋げよう

今までの会計が付加価値に無関心だったことから、付加価値に基づいた人事考課や人材育成をしている事例は多くありません。具体的な数値で、その方法を考えてみましょう。評価の目標は成長の支援です。

▶▶各部門の生産性を、評価してみよう！

　生産性を評価するための指標は経営目標から決まってきます。付加価値を目標にする場合は、①1人あたり付加価値（付加価値÷人数）、②固定労務費あたり付加価値（付加価値÷固定労務費）、③勤務時間あたり付加価値（付加価値÷勤務時間）などの指標が想定されますが、最も重要なのは、②の労務費生産性です。現実問題として**従業員1人ひとりの労務費が同じではない**という状況や、従業員の給与水準がどうあるべきかを決めていく必要があるからです。評価対象は、会社・部門・チーム・各個人などです。

▶▶生産性評価に基づいた人事考課を、やってみよう！

　労務費生産性に基づいた個人の人事考課を行う場合、いくつかの指標を、重み付けを変えて組み合わせる方法が考えられます。例えば

① 会社全体の労務費生産性（30％）	
② 部門全体の労務費生産性（30％）	合計
③ 個人の労務費生産性　　（20％）	100％
④ その他の個人貢献　　　（20％）	

とするなどです。ただし、たまたま個人が担当した製品や所属部門によって評価値が異なってしまうことが多いので、各生産性指標そのものではなく、**それぞれの値が前年比で何％改善した**かを用いれば、より客観的になります。どうしても数値評価できない要素がある場合は、④の個人貢献に含めます。一般に、職位が上がるほど数値目標に対する重み付けが増し、非数値目標の重み付けが小さくなっていくのが通例でしょう。なお、古い会計の発想に縛られて人を過度にコスト視し、費用を惜しむ傾向が強かった国内製造業ですが、労務費の適切な増減（例えば10万円）が、付加価値の大きな増減（例えば1000万円）に繋がるケースがあることへの配慮も大切です（労務費レバレッジ）。

▶▶生産性評価に基づいた人材育成を、やってみよう！

　個人・部門・会社全体の評価を組み合わせるのは、①相互協力を促す、②全体の生産性が上がらなければ賞与などの分配原資を確保できない、からです。その一方で、人材育成の場面では、個人評価の指標（③個人の生産性や④その

第10章　生産性を正しく管理しよう！

他の個人貢献）を優先して使います。一般に人事考課面談と人材育成面談は区別されずに行われがちですが、**人材の育成指導は人事考課から切り離し**、多めの頻度で行うとよいでしょう。その目的は各メンバーの困りごとを率直に聞き出し、問題解決の支援をし、信頼感を醸成してモチベーションを高めること、各自の目標達成（＝会社の目標達成です！）を確実にすることです。

Q. 各部門の生産性は、繋がっていますか？

		製品A	製品B	製品C	調達	配送	販売	管理
売上高	1000	300	400	200				
－全ての変動費	700	200	400	100				
＝付加価値	300	100	50	150				
－ヒトの固定費	100	10	20	15	15	10	20	10
－モノの固定費	100							
－カネの固定費	50							
＝株主利益	50							

会社全体
300（付加価値）÷100（ヒトの固定費）＝3倍

生産部門の各担当者

製品Aの担当者	製品Bの担当者	製品Cの担当者
100÷10＝10倍	50÷20＝2.5倍	150÷15＝10倍

生産部門全体	調達部門全体
300÷（10＋20＋15）＝6.7倍	300÷15＝20倍

配送部門全体	販売部門全体	管理部門全体
300÷10＝30倍	300÷20＝15倍	300÷10＝30倍

137

TASK 50　テレワークに表れる、2つの管理の差

テレワークの管理に必要なのは、やるべきことを明確に指示する（コストの道）、あるいは一定の自主性を認めたうえでアウトプットに責任を持たせる（資源の道）のどちらかです。そこには会社の現状が表れます。

▶▶ヒトをコストとして管理するのか？　資源として管理するのか？

　一口に労務費と言っても、変動費（変動労務費）と固定費（固定労務費）では大きく管理が異なります。それぞれに期待される役割が違うからです。**変動労務費の人**に期待される役割は、指示された業務を逸脱せずきちんとこなしていくことです（コストの道 TASK 42 参照）。その一方で、**固定労務費の人**に期待される役割は、自主的に行動し、自分自身の価値や自分自身の業務の価値を高める努力をすることです（資源の道）。とりわけ**イノベーションへの貢献が重要**です（技術部門／非技術部門を問わず）。変動労務費は節減すべきコストなので、付加価値の計算過程でコストの構成要素としてマイナスします。他方、固定労務費は生産性を管理しなければならないので、付加価値と固定労務費の両方を明らかにした上で、労務費生産性（TASK 49 参照）を計算します。

▶▶変動労務費の人に、「資源の道」を強要しない！

　変動労務費の人の役割は、指示された業務をきちんとやることですから、自主的な活動（例えばカイゼン活動や提案活動）を過度に強要してはいけません。自主的な活動の過度の強要はタダ働きの強要であり**コンプライアンス違反**になる場面があるからです。もし自主的な活動を期待するなら、固定労務費の人（正社員）に登用することを検討しましょう。従来、変動労務費の人に自主的な活動（資源の道）を要求するケースが多く、納得感の低下やイノベーションするマインドの破壊、離職率の上昇にも繋がっていました。

▶▶固定労務費の人を、コスト扱いしない！

　従来、変動労務費と固定労務費の管理にけじめがなく、固定労務費の人をコスト呼ばわりして「コストの道」に導いてしまうケースが少なからずありました。こうした労務費管理の問題はテレワークの場面で顕在化することがあります。アウトプットすべき目標をきちんと示した上で、ある程度自主的な時間管理を認めるのが「資源の道」の管理です。アウトプットすべきことすら曖昧なまま **PC の前に何時間着席していたかを監視**したりするケースもありましたが、それは「コストの道」の管理です。もし労務費の管理方針が明確になっていないなら、どちらの道で管理するのかを決めなければなりません。

第10章　生産性を正しく管理しよう！

Q. コストと資源、けじめある管理をしていますか？

売上高
　－原材料費
　－変動労務費（アルバイト等）・・・コストとしての管理
　－その他の変動費　　　　　　　　管理方法：作業時間で管理
　　　　　　　　　　　　　　　　　管理目標：なるべく使わない
　＝付加価値

　－固定固定費（正社員等）　　・・・資源としての管理
　－減価償却費　　　　　　　　　　管理方法：達成すべき目標で管理
　　　　　　　　　　　　　　　　　管理目標：なるべく使って、育てる
　－固定金利
　＝株主利益

【コスト vs 資源…管理方法と管理目標の違いを確認しよう】

	ケース1	ケース2
売上高	1000	1000
－原材料費	500	500
－変動労務費（弁慶さん/助っ人）	100	150
－その他の変動費	100	100
＝付加価値	300	250
－固定固定費（義経さん/正社員）	100	100
－減価償却費	100	100
－固定金利	50	50
＝株主利益	50	50
義経さんの生産性	3倍	2.5倍

【助っ人に頼りすぎると、正社員の生産性が下がります】

演習問題

★問題 10-①

L工業では、標準時間に対する実際時間の比で生産性を評価している。例えば、標準時間 10 分の作業を 5 分に短縮できた場合、生産性が 50 ％向上したとする等である。工場全体の組立作業の標準時間と実際時間が以下の通りだった場合、工場は何%生産性が向上したと評価されることになるか？

	生産台数	標準組み立て時間		実際組み立て時間	
		1 台あたり	製品全体	1 台あたり	製品全体
製品 A	500 台	12 分	6,000 分	10 分	5,000 分
製品 B	800 台	23 分	18,400 分	20 分	16,000 分
製品 C	200 台	18 分	3,600 分	17 分	3,400 分
製品 D	1,450 台	15 分	21,750 分	14 分	20,300 分
製品 E	1,200 台	20 分	24,000 分	15 分	18,000 分
工場全体	4,150 台		ア（　　　）分		イ（　　　）分

（ア－イ）／ア＝（　　　%）

《答え》 15.0 ％

★問題 10-②

後日判明したところでは、今回新規に投入された製品 E の標準組み立て時間が、当初は 16 分と見積もられていたものの、確実な生産のためやや保守的な数値（20 分）に修正されていたことがわかった。仮に製品 E の標準組み立て時間が 16 分のままだった場合、工場全体の生産性は何%向上したと評価されていたか？

	生産台数	標準組み立て時間		実際組み立て時間	
		1 台あたり	製品全体	1 台あたり	製品全体
製品 A	500 台	12 分	6,000 分	10 分	5,000 分
製品 B	800 台	23 分	18,400 分	20 分	16,000 分
製品 C	200 台	18 分	3,600 分	17 分	3,400 分
製品 D	1,450 台	15 分	21,750 分	14 分	20,300 分
製品 E	1,200 台	16 分	19,200 分	15 分	18,000 分
工場全体	4,150 台		68,950 分		62,700 分

《答え》 9.1 ％

第10章　生産性を正しく管理しよう！

★問題 10-③

問題 10-①で求めた水準の生産性向上を 10 年間継続した場合、工場全体の生産性は 10 年間で何％向上したと評価されることになるか？

〈答え〉 　115％を 10 乗すると 405％（約 4 倍）

★問題 10-④

L 工業では、生産性の評価指標を作業時間当たりの付加価値に変更した。工場全体の組立作業の標準時間と実際時間が以下の通りだった場合（問題 10-①と同じ）、工場の生産性は、計画された標準に対して何％向上したと評価されるか？

	生産台数	標準組み立て時間		実際組み立て時間	
		1 台あたり	製品全体	1 台あたり	製品全体
製品 A	500 台	12 分	6,000 分	10 分	5,000 分
製品 B	800 台	23 分	18,400 分	20 分	16,000 分
製品 C	200 台	18 分	3,600 分	17 分	3,400 分
製品 D	1,450 台	15 分	21,750 分	14 分	20,300 分
製品 E	1,200 台	20 分	24,000 分	15 分	18,000 分
工場全体	4,150 台		73,750 分		62,700 分
工場損益		売上高　1500 万円 コスト　　900 万円 付加価値　600 万円		売上高　1600 万円 コスト　1120 万円 付加価値　480 万円	

計画された生産性
（　　　　　円／分）

実際の生産性
（　　　　　円／分）

生産性の向上または悪化の評価
（　　　　％）

〈答え〉

計画された生産性：600 万円 ÷ 73,750 分 ＝ 81.4 円／分
実際の生産性：480 万円 ÷ 62,700 分 ＝ 76.6 円／分
生産性の向上または悪化の評価
（76.6 － 81.4）÷ 81.4 ＝ ▲ 5.9％（5.9％の生産性低下）

★問題 10-⑤

M 工業では、各作業者が稼ぎ出した付加価値に基づいた生産性評価を導入しようとしているが、担当する製品ごとに付加価値額が大きく違うという問題に直面している。そこで付加価値額そのものではなく、付加価値額の伸びによる評価を検討している。以下の表を埋め、2 人の作業者の成長を評価せよ。

141

	昨年の実績		今年の実績	
沖田さん	稼いだ付加価値	3000万円	稼いだ付加価値	3120万円
	固定労務費	600万円	固定労務費	600万円
土方さん	稼いだ付加価値	2000万円	稼いだ付加価値	2420万円
	固定労務費	500万円	固定労務費	550万円

評価基準

付加価値生産性の伸び	～5％	～10％	10％～
評価	A	AA	AAA

沖田さんの評価

昨年の生産性	今年の生産性	生産性の伸び	評価
（　　　　）倍	（　　　　）倍	（　　　　）％	（　　　　）

土方さんの評価

昨年の生産性	今年の生産性	生産性の伸び	評価
（　　　　）倍	（　　　　）倍	（　　　　）％	（　　　　）

〈答え〉

沖田さんの評価

昨年の生産性	今年の生産性	生産性の伸び	評価
（　5.0　）倍	（　5.2　）倍	（　4　）％	（　A　）

昨年の付加価値生産性 3000万円 ÷ 600万円 = 5.0倍
今年の付加価値生産性 3120万円 ÷ 600万円 = 5.2倍（5.2 ÷ 5.0 = 104％）

土方さんの評価

昨年の生産性	今年の生産性	生産性の伸び	評価
（　4.0　）倍	（　4.4　）倍	（　10　）％	（　AA　）

昨年の付加価値生産性 2000万円 ÷ 500万円 = 4.0倍
今年の付加価値生産性 2420万円 ÷ 550万円 = 4.4倍（4.4 ÷ 4.0 = 110％）

第11章
イノベーションを起こそう！

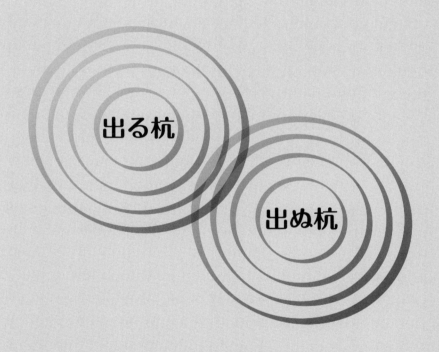

イノベーションが足りません。頑張っても頑張っても日本の生産性が回復しないのは、頑張る目標が間違っていたから。そしてイノベーションが足りなかったからです。それは技術の分野に限られません。最も不足していたイノベーションは会計だったのではないかと思います。

TASK 51　イノベーションが必要な理由を、知ろう

物価高騰の時代を生き抜くには、最大限の拡販努力、足許の費用抑制、高度な在庫管理などが必要です。しかし最終的に事業を救うのはイノベーションでしょう。イノベーションに向き合う勇気を持ちましょう。

▶▶無人の工場はあり得るか？　無人の会社はあり得るか？

ロボットだけが並べられた無人工場はありえるかもしれません。しかし AI だけが並べられた無人の会社はありえません。一般に工場に期待される役割は、決まったものを決まった通りに作る定型作業であり、ロボットでもできることです。それに対して会社全体に期待されるのはイノベーションです。それは新技術や新製品の開発だけに留まりません。新しい業務分担、新しい仕事のやり方、新しい管理会計、新しい目標設定、新しい生産性評価、新しい人材登用の仕組み、新しいビジネスモデルへの挑戦など、全てがイノベーションです。**それは人にしかできないこと**であり、これからも人がやるべきことです。

▶▶イノベーションの担い手は誰なのかを、考えよう！

今日では、多くの業務が自動化・標準化されて、単純な繰り返し作業の価値は失われました。かつての工場作業者（いわゆるブルーカラー）も高度な機械装置の保守・調整などを担うようになり、生産技術者（ホワイトカラー）との区別がなくなっています。その一方で、**AIが事務職の仕事を侵食**しはじめています。20 世紀のイノベーションはどこかの天才の仕事であり、それをいち早く導入して、最善効率で実現することが国内製造業の目標でした（ライン生産システムや科学的管理法、従来の原価計算や 7 つのムダ取りなども、そうやって日本に根づいたものです）。しかし情報ネットワークの発展で世界のイノベーションは加速しました。今や全員がホワイトカラーであり、全員でイノベーションを担うべき時代になっています。従来の国内製造業の現実は「変えない」「変わらない」でしたが、変わろうとしないことは、もはや「罪」です。

▶▶イノベーションを、正しくマネージメントしよう！

20 世紀は「景気の波」の時代でした。波は過ぎ去るもの、一時的なもの、我慢すべきものであり、日々の課題の先送りも選択肢でした（変えないことが「金」）。しかし 21 世紀は「構造変化の津波」の時代です。猛烈な技術革新の一方で、資源の枯渇や自然環境の悪化などにより、世界の状況はどんどん変わっていきます。そんな中、**日々の課題の先送りは確実に致命傷になります**（変えるが「金」／変わるが「金」）。これからは変化を怖がらず／嫌がらず、イノベーションにしっかり向き合わなければなりません。

第11章 イノベーションを起こそう！

Q. 21世紀に、人がやるべきことは何ですか？

- 20世紀···景気の波
- 変えないことが金

イノベーション	どこかの天才の仕事
企画業務	ホワイトカラーの仕事
定型業務	ブルーカラーの仕事

- 21世紀···構造変化の津波
- 変えることが金

イノベーション	全員の仕事
企画業務	全員の仕事
定型業務	AI・ロボットの仕事

【今は全員でイノベーションに取り組む時代です】

新しい業務のやり方
新しい在庫管理
朝のラジオ体操の見直し

新しい管理会計の導入
ビジネスモデルの転換
技術革新

新しい人と人の結びつき
ダイバーシティの推進
新しい人材育成制度

【イノベーションは、技術だけではありません】

TASK 52　製造業の学びを、回復しよう

製造業は不人気です。理由は3Kや低賃金だけではありません。本当の理由は、変化に背を向けて成長を止めてしまった製造業の「学びがない」「進歩がない」姿勢にありました。そろそろ製造業を変えましょう。

▶▶製造業が不人気だといわれる理由を、考えてみよう！

　製造業に「若い人が集まらない」「定着しない」と言われます。その原因は3K（キツイ、キタナイ、キケン）や低賃金で説明されてきましたが、実はもっと本質的な理由がありました。それは製造業に学びがなくなってしまったことです。「学びたいことがない」「学んでも活かす場がない」「手に職が付かない」という指摘が実際にあります。

　例えば会社で、朝のラジオ体操について話し合ってみたことがあるでしょうか？「やる目的は何？」「全員同じメニューでよいか？」等々、しっかり議論した結果、各自が納得し本気でやっているなら問題ありません。しかし活動が見直されず、ただ漫然と続けられているなら、**それは確実に「コストの道」への入口**になります（TASK 42参照）。

「きっと進歩がない職場」「意見が言えない職場」
「協調性を強要される職場」「今日もだらだらとした1日が始まる職場」
「きっと業績は伸びない職場」…

それはおそらくコーヒーでも飲みながらイノベーティブなディスカッションで始まるIT産業とは正反対の1日でしょう。本気で怪我や腰痛の防止を目指すなら、業務に応じた多様なメニュー（ストレッチ、ヨガなど）を研究し、さらなる進化を目指すべきです。もちろん「やっぱりラジオ体操が世界最高だった！」という結論もありですが、こうした議論を積み重ねていくことこそが「資源の道」であり、**イノベーションへの入口（OJT）**になるのです。

▶▶「変える」「変わる」を、原則にしよう！

　3Kや低賃金といわれる製造業でも、社会に通用する普遍的な「学び」を提供することは可能です。それは日々の業務の中で、新しい課題を発見し、解決策を考え、プロジェクトを立ち上げて現状を変えていくという**一連のイノベーション体験**です。古い常識で若い世代を潰すのではなく、新たな挑戦や成長の場を提供できる新しい製造業を目指してください。

第11章 イノベーションを起こそう！

★どんな会社でも提供できる「新しい学び」
- 損益（P/L）を読む知識
- 損益（P/L）から課題を発見する力
- 新しい発想を、具現化していく力
- 会計（IRR法）を使った起案の力
- チームをマネージメントする力
- 新しい生産性評価や人材育成の知識
- 新しい原価管理の知識
- ITと会計を結合した管理手法の知識

Q.「学び」がある職場を、目指していますか？

【朝の体操も、イノベーションしていますか？】

売上高
 －原材料費
 －変動労務費（アルバイト等）➡
 －その他の変動費
 ＝付加価値

 －固定労務費（正社員等）➡
 －減価償却費
 －固定利息
 ＝株主利益

「コストの道」
- 指示待ち、やらされ感
- 不満や批判ばかり
- 質問しない
- 言われたことだけやる
- やったふりをする
- いつまでも同じやり方

×

「資源の道」
- 仕事を取りに行く、達成感
- 夢や理想を語る
- 好奇心に満ちている
- 仕事の範囲を広げていく
- 責任感がある
- 仕事のやり方をどんどん進化

○

【製造業の原則を、変えよう】

TASK 53　ヒトが辞めない会社を、作ろう

中小製造業の人手不足が深刻です。慌てて人集めをする前に、人が辞めない会社を作りましょう。ポイントは付加価値を軸にしたコミュニケーション。小さな職場には大きなアドバンテージがあるはずです。

▶▶人が辞めない会社を作ろう…社会貢献の実感！

　中小製造業の人手不足が深刻です。魅力ある会社を作らなければなりません。賃金水準の改善に時間がかかるケースはあるとしても、真に意義ある仕事（ロケット打ち上げや地球環境への貢献、等々）ならボランティアシップで頑張ってくれる人がいます。まずは会社の仕事を意義あるものにすること、それを従業員に知ってもらうことが大切です。「儲ける」＝「人を騙す」ではありません。**工場を抱えて逃げ隠れできない製造業**はなおさらです。社会の役に立ち、それを誰にも負けないコストで実現する時、付加価値が獲得されます。会社が社会にどう貢献していくのかを社内で話し合ってみましょう。

▶▶人が辞めない会社を作ろう…付加価値の分配過程の可視化！

　会社が稼いだ付加価値が、ヒト（従業員）・モノ（設備投資）・カネ（銀行・株主）にどのように分配されているのかという過程をきちんと示すことで、**従業員との共感を深め**、共通の目標に向かって頑張る空気を醸成できます。低賃金の問題は、実は不平等感の問題であることも多いからです。

▶▶人が辞めない会社を作ろう…成長と分配の好循環！

　「学びがない」「学びたいことがない」と指摘される製造業ですが、日々直面する**１つひとつの問題を解決していく過程**の中に普遍的な学びはあるはずです。誰にでも提案と挑戦の機会が与えられ、次々とイノベーションが実現され、付加価値が獲得され、それが提案者にも還元されていく仕組みがあれば、人と会社は成長を共有できます。

▶▶人が辞めない会社を作ろう…キャリアパスの明確化！

　キャリアパスの明確化も大切です。男女・正規非正規を問わず、何を達成すれば評価され登用されるのかを会計的に明確にしなければなりません。今まで「数値評価は冷たい」ともいわれがちでしたが、数値でなければ依怙贔屓で評価をしなければならなくなります。数値で評価される厳しさより、**公正に評価されない惨めさ**が人を駄目にします。数値があれば適時の支援も可能です。数値が冷たいのではなく、数値の使い方が冷たかったのです。

第11章 イノベーションを起こそう！

Q. 共感と成長がある職場を、目指していますか？

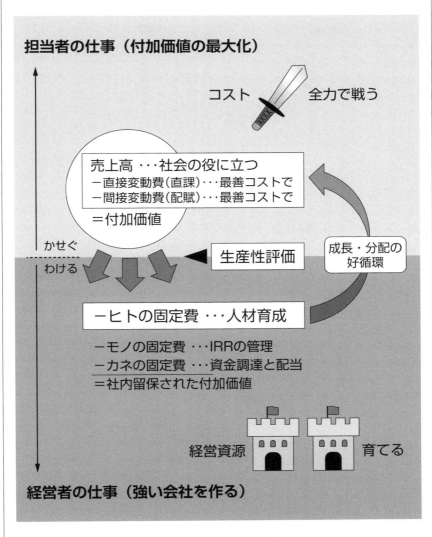

【付加価値の分配過程を、可視化しよう】

TASK 54　今日の価値と明日の価値を、両立させよう

今はブルーカラーもホワイトカラーもありません。工場の皆さんにもイノベーションに参加してもらいましょう。とはいえ命令や強制やノルマではイノベーションは起こせません。自主性を促す仕組みが必要です。

▶▶今までのカイゼン提案に代わる仕組みを、作ろう！

　厳しい時代を生き抜くにはイノベーションが不可欠です。しかし今までのような「徹底的なムダ取り」「1分1秒を無駄にしない」といったスローガンからはイノベーションは生まれません。それは、こうしたスローガンが**現状への埋没の道**でもあったからです。とはいえ、イノベーティブな提案の件数をノルマ化しても良い発想は生まれません。イノベーションを活性化するための新しい仕組みがどうしても必要になります。そこで従来のような「作業管理」の視点ではなく、イノベーションに関わる「非作業」に積極的に光を当て、非作業に向かって作業者を動機づけましょう。それが「非作業管理」です。

▶▶作業時間ではなく、非作業時間を報告してもらおう！

　今までは、作業時間を報告させ、その短縮を目指すのが一般的な生産性向上の方策でした。しかし実体のないカイゼン報告が行われたり、手待ち時間が増えただけという結果にもなりがちだったのです。そこで発想を改め、「作業時間」に代わって「非作業時間」を報告してもらう仕組みを作りましょう。作業時間は、勤務時間（タイムカード等で把握できる）から、申告された有効な非作業時間を引くことで求まります（手待ちは引きません）。これにより、作業者が有効な非作業を申告すればするほど、引き算で求まる作業時間が短縮され、時間あたりの生産性の評価を上げることができます。

　売上不振などの外部的な要因で労務費当たり生産性等の個人評価が下がってしまった場合でも、作業者は**有効な非作業時間を自発的に増やすこと**で、計算上の作業時間を短縮して時間あたりの生産性を改善し、人事評価の挽回を目指せます。会社視点で見れば、仮に売上高が落ちて工場の操業度が下がり手待時間が増えるなら、手の空いた時間を明日の価値創造に振り向けてくださいということです（章末演習問題を参照）。

▶▶非作業が増やせるように、作業者を動機づけよう！

　申告できる有効な非作業は、あらかじめ話し合って作業者と合意しておきます。作業者には「作業は今日の価値を作る時間、非作業は明日の価値を創る時間」だということをしっかり説明し、非作業時間の増加に向かって動機づけていきましょう。

第 11 章 イノベーションを起こそう！

Q.「作っていない時間」を、管理していましたか？

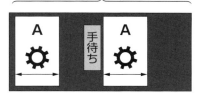

- ✔ 作業者はAを申告
- ✔ 生産性はAの長短で評価
- ✔ 手待ちがあっても「良い評価」になってしまう

作業時間＝A

【今までの管理（現状への埋没）…生産性＝付加価値÷A】

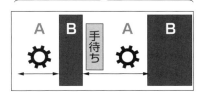

- ✔ 作業者はBを申告
- ✔ 生産性は8－Bの長短で評価
- ✔ Bとして申告可能な活動を予め決めておき、誘導する
- ✔ 手待ちはBに含めない

作業時間＝8－B

「B」
引いてよい時間

- ✔ 新しい技術やスキルを練習する時間
- ✔ 新しい技術やスキルを誰かに教える時間
- ✔ 新しい知識を学ぶ時間
- ✔ 技術開発活動への協力
- ✔ 会議やディスカッションへの積極的な参加
- ✔ 自主保全
- ✔ 安全を確保するための作業
- ✔ 品質を向上するための作業
- ✔ 納期を短縮するための作業
- ✔ 他のチームの積極的な応援、など

【非作業管理（イノベーションへ誘導）…生産性＝付加価値÷(8－B)】

TASK 55　多様性を、イノベーションに繋げよう

どこにも人材はいます。イノベーションの芽もあります。難しいのは芽を発見すること。多様性のない職場は、古い発想に縛られている職場です。それでは新しい芽を発見できません。

▶▶女性が活かされていない＝男性も活かされていない！

　日本では女性の職場進出が遅れています。ジェンダーギャップ指数は 100 位を下回っている状況です。多くの職場で、女性が重要なポジションを任されていないという現状は、男性もまた人物本位で評価され活かされていないことの証左だといえます。今は職場の総力を挙げて生き残りを目指さなければならない時代です。男性／女性、正規社員／非正規社員、新卒／中途など、見えない身分の壁を取り払い、人を活かしましょう。学歴にかかわらず**「やりたい」がある人に重要なポジションを任せること**が人材育成のカギです。「やりたい」がある人こそが伸びる人、「やりたい」がない人は伸びない人だからです。

▶▶多様性（ダイバーシティ）が必要な理由を、考えてみよう！

　イノベーションへの大きな期待とは裏腹に、昨今の日本には、かつての「技術立国」としての力強さがありません。多くの国内製造業でイノベーション（技術部門も／事務部門も）が起きない理由の一つは、①多様な人材がいないので多様な発想も生まれないということでした。しかしもっと深刻な理由は、②既存の常識に囚われて多様な存在や多様な発想を認めることができない職場に、**イノベーションをイノベーションとして認める力**があるはずはないということです。イノベーションの現実とは、古い秩序の破壊であり、既存の常識に突きつける疑問でもあるからです。

▶▶創造的なムダや雑談を、増やそう！

　今までの国内製造業は「徹底的なムダ取り」といったステレオタイプな呼びかけに満ちていましたが、それは**安定した時代の管理手法**でした。明日が見通せない昨今は何がムダなのか誰にもわかりません。「今日」の活動にムダなく 100 ％埋没できてしまった会社は、「明日」滅びてしまうことになるでしょう。他方、先端の IT 企業などではムダや雑談が大切にされ、雑談を促すための工夫がされたりしています。**イノベーションは健全な雑談やムダの中から生まれる**ものだからです。もちろん、ムダをムダで終わらせない仕組みも同時に必要です。それが、新しい生産性の定義（TASK 48）、人材育成の方程式（TASK 43）、非作業時間の管理（TASK 54）でした。

第11章 イノベーションを起こそう！

Q. ダイバーシティが必要な理由を、知っていましたか？

1位　（対前年±0）アイスランド	63位　（対前年±0）イタリア
2位　（対前年±0）フィンランド	79位　（対前年±0）タイ
3位　（対前年±0）ノルウェー	83位　（対前年↑4）ベトナム
4位　（対前年±0）ニュージーランド	92位　（対前年↑9）インドネシア
5位　（対前年±0）スウェーデン	99位　（対前年↑3）韓国
10位　（対前年↑1）ドイツ	102位　（対前年↑5）中国
15位　（対前年↑1）フランス	115位　（対前年↑9）ブルキナファソ
22位　（対前年↑1）英国	116位　（対前年↑4）日本
25位　（対前年↓1）カナダ	117位　（対前年↑11）モルディブ
27位　（対前年↑3）米国	

【2022年のジェンダーギャップ指数】

多様な存在を受容できない
⬇
新しい発想を受容できない
⬇
イノベーションが提案されない
提案されても理解されない
理解されても予算が付かない

多様な存在を受容できる
⬇
新しい発想を受容できる
⬇
イノベーションが提案される
提案に予算が付き、実現に向かう
提案がさらに活発に行われる

【多様性とイノベーションの関係を考えてみよう】

演習問題

★問題 11-①

N工業では、各作業者の時間生産性の評価を、以下の式に基づいて行っている。

作業者が稼いだ付加価値 ÷（勤務時間 － 申告され認められた非作業時間）
＝ 時間生産性

ある作業者（坂本さん）の、昨年における月平均の時間生産性は以下の通りであった。

稼いだ付加価値	勤務時間	非作業時間	みなし作業時間	時間生産性
3000 万円	160 時間	10 時間	150 時間	20 万円/時
	（残業なし）		（手待ちを含む）	

売上高の減少などの事情で、当期に坂本さんが貢献した製品の付加価値が2000 万円に減少すると予想されている。坂本さんが非作業を増やさなかった場合の時間生産性はどのように評価されることになるか？　なお、時間生産性の評価は、10％を上回って向上すれば「4」、20％を下回って悪化すれば「2」、その中間であれば「3」となる。

稼いだ付加価値	勤務時間	非作業時間	みなし作業時間	時間生産性
2000 万円	160 時間	10 時間	150 時間	（　　　　）
	（残業なし）		（手待ちを含む）	

〈答え〉

2000 万円 ÷ 150 時間 ＝ 13.3 万円/時間

13.3 万円/時間 ÷ 20 万円/時間 ＝ 67％（33％の低下なので、評価は 2）

稼いだ付加価値	勤務時間	非作業時間	みなし作業時間	時間生産性
2000 万円	160 時間	10 時間	150 時間	13.3 万円/時
	（残業なし）		（手待ちを含む）	（評価は 2）

★問題 11-②

坂本さんの当期の作業付加価値が 2000 万円に減少すると予想されている場合、非作業をどの程度増やせば、坂本さんの時間生産性は昨年と同じ水準に維持されるか？

稼いだ付加価値	勤務時間	非作業時間	みなし作業時間	時間生産性
2000 万円	160 時間	（　　）時間	（　　）時間	20 万円/時間
	（残業なし）		（手待ちを含む）	

第11章　イノベーションを起こそう！

〈答え〉

2000 万円 ÷ 3000 万円 ＝ 66.6 ％

目指すべき見なし作業時間　150 時間 × 66.6 ％ ＝ 100 時間

必要な非作業時間　160 時間 － 100 時間 ＝ 60 時間（50 時間増）

稼いだ付加価値	勤務時間	非作業時間	みなし作業時間	時間生産性
2000 万円	160 時間	60 時間	100 時間	20 万円/時
	（残業なし）		（手待ちを含む）	（評価は 3）

★問題 11-③

坂本さんが当期貢献した製品の付加価値が 2000 万円に減少すると予想されている場合、非作業が 70 時間なら坂本さんの時間生産性は昨年比で何％向上するか？

稼いだ付加価値	勤務時間	非作業時間	みなし作業時間	時間生産性
2000 万円	160 時間	70 時間	90 時間	（　　　）
	（残業なし）		（手待ちを含む）	

〈答え〉

2000 万円 ÷ 90 時間 ＝ 22.2 万円/時間

22.2 万円/時間 ÷ 20 万円/時間 ＝ 111 ％（11 ％の向上なので、評価は 4）

稼いだ付加価値	勤務時間	非作業時間	みなし作業時間	時間生産性
2000 万円	160 時間	70 時間	90 時間	22.2 万円/時
	（残業なし）		（手待ちを含む）	（評価は 4）

★問題 11-④

N 工業では、個人業績の評価を 3 つの指標で行っている。

指標 1（重み付けは 40 ％）：工場全体の付加価値生産性 　計算方法は、工場全体が稼いだ付加価値÷工場全体の固定労務費
指標 2（重み付けは 40 ％）：各生産チームの付加価値生産性 　計算方法は、各生産チームが稼いだ付加価値÷各チーム全体の固定労務費
指標 3（重み付けは 20 ％）：各作業者の時間生産性 　計算方法は、それぞれの作業者が稼いだ付加価値÷その作業者のみなし作業時間

当期は、製品の売れ行きが芳しくなく、指標 1 と指標 2 が比較的に低い評価となってしまった。ある作業者（高杉さん）が総合評価 3（総合的に生産性を維持できたという評価）を取るためには、指標 3 の評価（1、2、3、4、5）のいくつ以上を目指せばよいか？

指標1（重み付け40％）	2.0
指標2（重み付け40％）	2.3
指標3（重み付け20％）	（　　　　　）
総合評価	2.51以上※

※総合で2.51以上になれば、繰り上げて評価3とすることになっている。

〈答え〉

指標3が「2」だった場合

$2.0 \times 40％ + 2.3 \times 40％ + 2.0 \times 20％ = 2.12$

（➡評価は2となる）

指標3が「3」だった場合

$2.0 \times 40％ + 2.3 \times 40％ + 3.0 \times 20％ = 2.32$

（➡評価は2となる）

指標3が「4」だった場合

$2.0 \times 40％ + 2.3 \times 40％ + 4.0 \times 20％ = 2.52$

（➡評価は3となる）

よって指標3の評価を4以上にすることを目指して頑張ればよい。その方法の1つは、非作業時間を増やしてみなしの作業時間を減らすことなどである。

〈補足〉

売上高の減少や原材料費の高騰などで会社全体の付加価値が減ってしまった場合、分配の原資も減ってしまう。そのため賞与等の水準を決めるための評価も厳しい水準になってしまうことはやむを得ないかもしれない（指標1、指標2の評価など）。しかしN工業では、従業員のモチベーションを維持するため、各自の努力によって評価を挽回できる仕組みを設けた。すなわち「今日の価値」を獲得するための作業が減ってしまった場合でも、作業者（例えば高杉さん）は手待ち時間を作らず、「明日の価値」の獲得に向かうための非作業の時間を増やすことによって指標3を改善し、総合評価の挽回を目指すことができる。結果として、会社にとっても高杉さんにとってもWIN-WINの状況に誘導されていくことになる。

第12章
設備投資を変えよう！

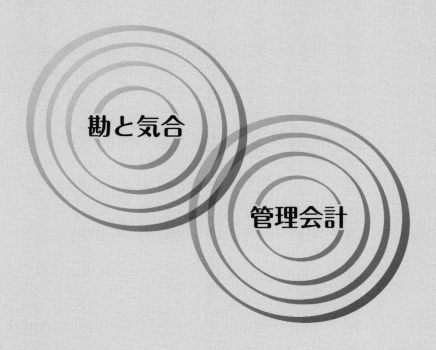

WACC の達成可能性を評価できるのは NPV 法（正味現在価値法）と IRR 法（内部収益率法）です。ただし設備投資を成功させるためには必ず IRR 法を使わなければなりません。理解の順番としては、まず NPV 法から入り、それを踏まえて IRR 法に進むとよいでしょう。

TASK 56　最も儲かる案件を見つける方法が、IRR法

上場企業も非上場企業も、WACCを必達しなければなりません。それが株主への根本的な責任であるだけでなく、資金の借り入れや事業承継の前提にもなるからです。WACC達成のためにはIRR法が必須です。

▶▶WACCの達成可能性を評価できる方法を、使おう！

　今日、国内で設備投資プロジェクトの意思決定（GO／NOT GOの判断）に用いられている代表的な評価方法は回収期間法でしょう（TASK 44の「勘と気合法」等は論外として）。しかし回収期間法には、①事業構造の変革や研究開発といった長期のプロジェクトの判断には向かない、②WACCの達成可能性を判断できない、といった限界があります。**回収期間法だけを使っていると発想が近視眼的になり**、会社がWACCの達成責任を負っているのだという意識も希薄になりがちです。ですから、WACCの達成可能性を評価できる方法をもっと積極的に使わなければなりません。WACCを評価できる方法としてはNPV法（正味現在価値法）とIRR法（内部収益率法）が代表的です。これらの方法は、設備投資計画はもちろん、その他の固定費の増減を伴うプロジェクト（研究開発プロジェクトや構造変革プロジェクト）にも応用することができるものです。

▶▶どうしてもIRR法でなければならない理由を、考えてみよう！

　NPV法とIRR法は、共に資本コスト（WACC）の達成可能性を考慮できる優れた評価方法です。理解の順番としてはまずNPV法からですが、NPV法で評価できるのは、目標WACC（例えば10％）を達成できるか否か「だけ」だということには注意をしなければなりません。これに対してIRR法は、最大何％のWACCを担えるのか（例えば20％など）を評価し、目標WACCに対する余裕の大きさを判断することができます。

　現実の事業活動には必ず実行リスクが伴いますから、辛うじて目標達成するような計画では、WACCが未達成になってしまうリスクが高いです。その点、IRR法であれば、余裕を持たせた目標設定（計画の認可基準をIRR20％以上としておく等）が可能です。また複数のプロジェクト案を比較して最善のものを選ぶこともできます（NPV法ではできない）。

　従来、どちらかといえばIRR法よりはNPV法の方が好まれるケースが多かったようですが、NPV法には限界があることがしっかり説明されてきませんでした。WACCの達成は会社の根本的な責任です。そしてWACCを達成するにはIRR法を使い、実行リスクを加味した判断をしなければなりません。また

第12章 設備投資を変えよう！

上場会社／非上場会社を問わず、**IRR が高いプロジェクトは最も儲かるプロジェクト**でもあります。

Q. WACC を意識して、設備投資していましたか？

合わせてWACC
（ワック）

【会社は WACC の達成責任を負っています】

	一定の客観性がある	WACC を考慮できる	実行リスクを考慮できる
① 回収期間法	○	×	×
② NPV 法	○	○	×
③ IRR 法	○	○	○

回収期間法が適している場面
　単純（設備投資が１回など）で、短期のプロジェクト

回収期間法が適していない場面
　長期のプロジェクト（事業構造転換プロジェクト、脱炭素プロジェクト等）
　複雑なプロジェクト（設備投資が複数回のプロジェクト）

【回収期間法では、WACC の達成可否を判断できません】

TASK 57　現在価値の意味を、正しく理解しよう

今まで「現在価値」が正しく説明されてきませんでした。その背景には「自己資本＝タダ金」という誤解もあったようです。この誤解がある限り会社の成長はありえません。日本の資本主義も進化しません。

▶▶資金提供者にとっての「割り引く」は、運用期待を示している！

　会社が資金提供者に対して負っている WACC の達成責任について考えてみましょう。資金提供者は、一定の収益率を期待してお金を会社に投資します。例えば退職金や年金の運用で、多くの方がポートフォリオを組みます（債券投資・株式投資など）。仮に、100 円の投資額に対して期待される収益率が年 10 ％なら、3 年後には 133 円（100 円×110 ％×110 ％×110 ％）の受け取りを期待することになるでしょう。この状態を、

　「現在の 100 円は、3 年後の 133 円と同じ価値である」
　「3 年後の 133 円は、現在の 100 円と同じ価値である」
　「3 年後の 133 円を、現在価値に割り引くと 100 円になる」

などと表現します。資金提供者にとっての「割り引く」は、運用期待を示すものです。

▶▶会社にとっての「割り引く」は、運用責任を示している！

　上記の状態を会社の立場で考えると、会社は現在手元にある 100 円の資金を、3 年後に 133 円まで増やして資金提供者に返済しなければならないということになります。会社にとっての「割り引く」は、会社が資金提供者に対して負う運用責任（約束）を示すものです。資金提供者にとっての運用期待とは違うので注意してください。

▶▶現在価値という表現に、慣れよう！

　状況を整理すると、WACC10 ％の会社があった場合、

★ 3 年後に回収される 133 円を現在価値に割り引くと 100 円になる
　（133 円÷110 ％÷110 ％÷110 ％＝100 円）
★ 3 年後に回収される 1000 円を現在価値に割り引くと 751 円になる
　（1000 円÷110 ％÷110 ％÷110 ％＝751 円）
★ 3 年後の 1000 円を現在価値に割り引くと 751 円になる
★現在の 751 円は、3 年後の 1000 円と等しい

という具合に表現されます。

第12章 設備投資を変えよう！

Q. 資金の運用責任を、意識していましたか？

【資金提供者は、運用成果を求めています】

【会社には、資本コスト（WACC）の達成責任があります】

TASK 58 NPV 法（正味現在価値法）を、理解しよう

会社が資金の運用責任を負う以上、設備投資の時点で運用責任（WACC）の達成可能性を評価しておくべきなのは当然です。計画段階で失敗すれば挽回は困難だからです。

▶▶正味現在価値（NPV／Net Present Value）を、理解しよう！

ある設備投資プロジェクトがあった場合、そのプロジェクトを実行した場合の WACC の達成可能性を評価する方法に NPV 法があります。例えば WACC10％を資金提供者（銀行・株主）に約束している会社があり、3 年後に 133 円（現在価値でいうなら 100 円）を回収できそうな設備投資プロジェクト案があるケースについて考えてみましょう。

場面①：このプロジェクトの実行に、100 円の設備投資が必要な場合、プロジェクトの正味現在価値は 0 円となり、**資金提供者の期待にピッタリ応えている**ことになります。

場面②：このプロジェクトの実行に、80 円の設備投資が必要な場合、プロジェクトの成果は資金提供者の期待を 20 円超えています。この状態を、正味現在価値が 20 円であると表現します。こうしたプロジェクトをいくつも積み上げていけば、**会社の事業成績は出資者の期待を上回り**、株価が上昇していきます。

場面③：このプロジェクトの実行に、120 円の設備投資が必要な場合、プロジェクトの成果は**資金提供者の期待を下回っています**。この状態を、正味現在価値がマイナス 20 円であると表現します。こうした事例を積み上げると、会社の株価は下落します。

▶▶NPV 法（正味現在価値法）を、使おう！

NPV 法では、会社が達成目標としている WACC で割引計算を行います。結果として求められた正味現在価値がプラスのプロジェクトは「GO」、マイナスのプロジェクトは「NOT GO」という判断です。正味現在価値がプラスなら、資金提供者の期待を上回っている／正味現在価値がマイナスなら、資金提供者の期待を下回っているということになります。ただし、この計算に意味があるのは、正味現在価値がプラスなのか（WACC を達成できる）／マイナスなのか（WACC を達成できない）だけであり、**正味現在価値の数字そのものの大／小には積極的な意味がない**ので注意しましょう（TASK 61 参照）。

NPV 法 （正味現在価値法）	WACC が達成できるかどうかを評価する ➡正味現在価値がプラスなら GO ➡正味現在価値の数字の大小には積極的な意味はない

Q. NPV法を、知っていましたか？

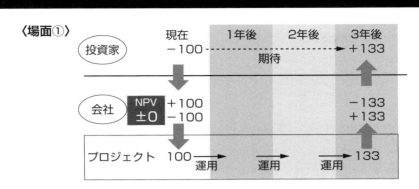

【正味現在価値(NPV)＝ゼロ　という状態（WACC 10％）】

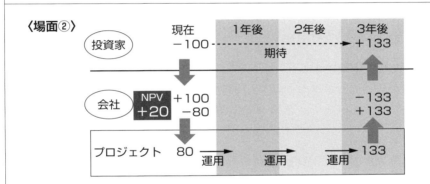

【正味現在価値＝プラス20　という状態（WACC 10％）】

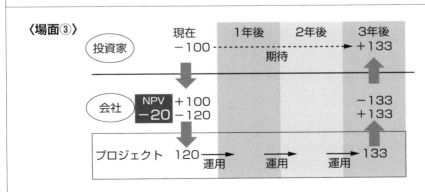

【正味現在価値＝マイナス20　という状態（WACC 10％）】

TASK 59　IRR法（内部収益率法）を、理解しよう

IRR法は、設備投資を成功させるために必要不可欠な知識です。「難しすぎてわからない」といった評判の原因は、会社の仕組みの理解やWACC達成への責任感の不足だったのかもしれません。

▶▶内部収益率（IRR／Internal Rate of Return）を、理解しよう！

　NPV法は、設備投資プロジェクトがWACCを達成できるか否かを判断できる優れた評価方法ですが、さらに一歩進んだ評価方法としてIRR法があります。これが世界標準の評価方法ですので、その仕組みをしっかり理解しましょう。

　TASK 58では、達成目標のWACCが10％、設備投資額80円、3年後の回収額133円のプロジェクトの正味現在価値が20円になるという事例を検討しました。このプロジェクトの正味現在価値はプラスで0円より大きいので、**もっと大きなWACCを負担しても達成できそう**です。そこで試行錯誤的に目標WACCを増やしながら同じ計算を繰り返すと、WACC＝18.5％の時に正味現在価値が0円となりました。このようにして求まった「正味現在価値をゼロにするWACC」が、このプロジェクトの内部収益率と呼ばれるものです。

▶▶IRR法（内部収益率法）を、使おう！

　誤った説明を見かけることがありますが、NPV法で算出された正味現在価値が大きい計画が常に有利なわけではありません。規模の影響があるからです。数値の大小にはほぼ意味がなく、符号（プラスかマイナスか）だけを判断に使います。そのためプロジェクト案が複数ある場合、有利なものを選び出せません。それに対してIRR法によって算出されるIRR（内部収益率）は、大きければ大きいほど有利ですから、目標WACCを超えられそうなプロジェクト案が複数ある場合、その中から**最も儲かるものを選び出すこと**ができます。

　IRR法のさらに優れた点は、各プロジェクトの、目標WACCに対する余裕が判断できることです。全てのプロジェクトには必ず実行リスクがあるので、10％ギリギリで計画されたプロジェクトは、まず確実に10％を達成できません。そこで、GO／NOT GOの判断基準を、WACCそのもの（例えば10％）ではなく、一定の余裕を持った数字（例えば20％）とすることで、**実行リスクを加味した判断が可能**になります。

IRR法 （内部収益率法）	どれくらいの余裕でWACCを達成できるかを評価する ➡内部収益率（IRR）がWACCより大きければGO ➡内部収益率は、大きければ大きいほどよい（儲かる！）

第12章 設備投資を変えよう！

Q. IRR法を、知っていましたか？

| プロジェクトからの
回収額 | プロジェクトへの
投入額 | 正味現在価値 |

$$\frac{133}{110\% \times 110\% \times 110\%} \qquad -80 \quad = \quad 20$$

100

【WACC10％なら正味現在価値は20 ➡ IRR＞10％】

| プロジェクトからの
回収額 | プロジェクトへの
投入額 | 正味現在価値 |

$$\frac{133}{114\% \times 114\% \times 114\%} \qquad -80 \quad = \quad 10$$

90

【WACC14％なら正味現在価値は10 ➡ IRR＞14％】

| プロジェクトからの
回収額 | プロジェクトへの
投入額 | 正味現在価値 |

$$\frac{133}{118.5\% \times 118.5\% \times 118.5\%} \qquad -80 \quad = \quad 0$$

80

【WACC18.5％なら正味現在価値は0 ➡ IRR＝18.5％】

TASK 60　IRR法（内部収益率法）を、使いこなそう

NPV法やIRR法の計算は一見難しそうですが、世界標準の表計算ソフトには便利な関数が組み込まれています。計画をより良くする方法も見えてきます。しっかり使いこなして、正しい意思決定をしましょう。

▶▶NPV法（正味現在価値法）に関するまとめ

　NPV法は、設備投資プロジェクトを実施した場合の毎年のキャッシュフローの中から、会社の目標WACCを支払った時、どの程度のキャッシュが会社に残るかを評価する方法です。正味現在価値（NPV）がプラスなら目標WACCを達成できる（支払ってもキャッシュが手元に残る）、マイナスになるなら目標WACCは未達成になるという判断をします。ただし、**正味現在価値の金額の大小には積極的な意味はなく**、目標WACCが達成できるかどうかという判断しかできない方法であることに注意してください。

▶▶IRR法（内部収益率法）に関するまとめ

　IRR法は、プロジェクトが最大何％までのWACCを負担できるかを評価します。設備投資プロジェクトが負担できる最大のWACCを、そのプロジェクトの内部収益率（IRR）と呼びます。IRR法を使えば、会社が目標とするWACC（例えば10％）に対して、**一定の実行リスクを織り込んだGO／NOT GOの判断**ができます（単純増産なら20％、研究開発なら30％を目安とするなど）。こうした判断ができることがIRR法の決定的な強みであり、NPV法ではできないことです。

▶▶表計算ソフトを使って、計算しよう！

　NPV法とIRR法は、共に資本コスト（WACC）の達成可能性について判断できる優れた評価方法ですが、試行錯誤的な計算は面倒でした。しかし標準的な表計算ソフトには、**グローバルスタンダードの関数が組み込まれており**、それを使って簡単に計算することができます。計算に必要な準備は、毎年のお金の出入り（キャッシュフロー）をしっかり予想しておくことです（現在、1年後、2年後…）。予想されたキャッシュフローに、NPV関数またはIRR関数を適用して、NPVやIRRを求めます。

　NVPやIRRに関する説明をすると、「どうせキャッシュフローの予測など当たらない」というコメントをいただくことがあります。しかしこれは「予測」ではなく、未来をこんな風に変えていきたいという**「経営意思」の表明**です。意思だけで事業の夢が実現する訳ではありませんが、意思がなければ何も実現できないというのも現実でしょう。

第 12 章　設備投資を変えよう！

Q. 世界標準の関数を、使いこなしていますか？

	A	B	C	D	E
1					
2	現在	1年後	2年後	3年後	
3	−100	0	0	133	
4					
5	正味現在価値（NPV）の計算				
6	A3＋NPV（10％、B3：D3）＝0				
7					
8	内部収益率（IRR）の計算				
9	IRR（A3：D3）＝10％				
10					

【NPV法】	WACC が達成できるかどうかだけを評価できる
【IRR法】	どれくらいの余裕で WACC が達成できるか評価できる どれが最も儲かるプロジェクトなのかを評価できる

演習問題

★問題 12-①

О工業の貸借対照表は以下の通りであった。

当座資産	280 億円	流動負債	155 億円
在庫	42 億円	固定負債	27 億円
固定資産	172 億円	純資産	312 億円
合計	494 億円	合計	494 億円

財務部の報告によれば、それぞれの資金の調達コストは以下の通りであった。О工業の加重平均資本コスト（WACC）の実績値を求めよ。（税効果は無視する。）

固定負債の調達コスト　年6％
純資産の調達コスト　　年10％
加重平均資本コスト

$$\frac{（\quad 億円）\times 6％＋（\quad 億円）\times 10％}{（\quad 億円＋\quad 億円）} = （\quad ％）$$

〈答え〉

加重平均資本コストは 9.7％

（27 億円 × 6％）＋ 312 億円 × 10%）÷（27 億円 + 312 億円）＝ 9.7％

在庫金利を変動費として管理する想定で（TASK 38 参照）、流動負債分を除外して WACC を計算している。なお、実績 9.7％を踏まえて目標 WACC を10％とする場合、管理会計の P/L 上で目指すべき WACC 相当額は（312 億円＋27 億円）×10％＝33.9 億円となる。

★問題 12-②

Ｐ工業には3年後に資金回収が予定されている設備投資プロジェクトがある。会社が調達した設備投資資金が 1,000 万円だった場合、この資金は 3 年後に幾らに増えていなければならないか？　また、設備投資資金が 2,000 万円だった場合はどうか？

ただし、会社の加重平均資本コスト（WACC）の目標は10％だったと仮定する。

現在（調達）	1 年後	2 年後	3 年後（返済）
1,000 万円	―	―	（　　　　）万円
2,000 万円	―	―	（　　　　）万円

168

第 12 章　設備投資を変えよう！

〈答え〉

現在	1 年後	2 年後	3 年後
1,000 万円	—	—	（ 1,331 ）万円
2,000 万円	—	—	（ 2,662 ）万円

1,000 万円 × 110 ％ × 110 ％ × 110 ％ ＝ 1,331 万円
2,420 万円 × 110 ％ × 110 ％ × 110 ％ ＝ 2,662 万円
（この金額を超えないと、資金提供者に元利を返済できない。）

★問題 12-③

　ある設備投資プロジェクトによって 3 年後に回収できる金額の見込みが 2,000 万円だった場合、このプロジェクトに今投じてよい金額はいくらまでか？

現在	1 年後	2 年後	3 年後
（　　　　）万円	—	—	2,000 万円

〈答え〉

現在	1 年後	2 年後	3 年後
（ 1,503 ）万円	—	—	2,000 万円

2,000 万円 ÷ 110 ％ ÷ 110 ％ ÷ 110 ％ ＝ 1,503 万円 （この金額までなら 2000 万円で返済できる）
⇒このプロジェクトには最大 1,503 万円のお金をかける価値がある
⇒このプロジェクトの価値は 1,503 万円である

★問題 12-④

　問題 12-③のプロジェクトを 1,400 万円の設備投資で実現できる場合、プロジェクトの実行によって会社の価値はどれくらい高まるか？（会社に、どれくらいのお金が残るか？）

〈答え〉

1,503 万円 － 1,400 万円 ＝ 103 万円
プロジェクトの価値と、実際に投下する資金の差額を正味現在価値と呼ぶ。正味現在価値が「正」なら実施可能と判断できる（正味現在価値法）。ただし、この方法で判断できるのは、WACC が賄い切れるか否かだけである（正なら賄えているということ）。

169

	現在	1年後	2年後	3年後
	1,503万円	1,653万円	1,818万円	2,000万円

正味現在価値は103万円（会社に残るお金）

1,400万円

★問題12-⑤

Q工業において、今1,503万円を投じて3年後に2,000万円回収できるプロジェクトが担えるWACCは10％であった（問題12-③参照）。今1,350万円を投じて3年後に2,000万円回収できるプロジェクトがある場合、担えるWACCは何％か？　下記の表を利用して10％〜15％のうちから最も近いものを選びなさい。

WACC	現在	1年後の責任	2年後の責任	3年後の責任
10％	1,350万円	1,485万円	1,634万円	1,797万円
11％	1,350万円	1,499万円	1,663万円	1,846万円
12％	1,350万円	1,512万円	1,693万円	1,897万円
13％	1,350万円	1,526万円	1,724万円	1,948万円
14％	1,350万円	1,539万円	1,754万円	2,000万円
15％	1,350万円	1,553万円	1,785万円	2,053万円

〈答え〉　14％

1,350万円投じて3年後に2,000万円回収できるプロジェクトが担えるWACCは14％である。これをこのプロジェクトの内部収益率（IRR）と呼ぶ。エクセルであれば、内部収益率はIRR関数によって容易に計算できる。全てのプロジェクトには実行リスクがあるので、プロジェクトの内部収益率（IRR）をWACCギリギリで計画することは絶対に避けなければならない。（10％で計画したら、おそらく10％は達成できない）

第13章
プロジェクトも管理しよう！

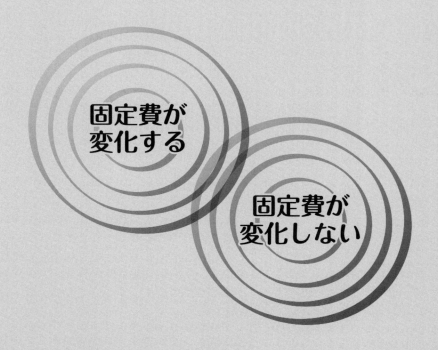

設備投資のみならず、固定費変更を伴う全ての長期的プロジェクトは未来の「会社の形」を決める活動です。もし誤ったプロジェクトを認可してしまったら、後から頑張っても容易には挽回できません。1円1銭のコストダウンも水の泡。ですからIRR法で計画し、IRR法で「GO／NOT GO」の意思決定をしましょう。

TASK 61 　NPV 法と IRR 法が衝突した時の判断（その①）

NPV 法と IRR 法のアウトラインは見えてきたと思います。ここで問題になるのは、2 つの評価法の結果が衝突してしまった時に、どちらを優先して判断すべきかです。そんな時は迷わず IRR 法を優先しましょう。

▶▶NPV 法と IRR 法を、比較してみよう！

　NPV 法（正味現在価値法）と IRR 法（内部収益率法）は、共に資本コスト（WACC）の達成可能性を判断できる優れた評価方法です。ただし NPV 法で評価できるのは、目標 WACC（例えば 10 ％）が達成できるか否か「だけ」です。（このことが正しく説明されないケースが多いので要注意。）これに対して IRR 法は、目標 WACC が、どれくらいの「余裕」をもって達成できる可能性があるのかを評価できる方法です。このことを、少し数値例で確認しておきましょう。

　今ここに 4 つの設備投資プロジェクト案（①～④）があると仮定します。全てプロジェクト期間は 3 年ですが、初期の設備投資額と毎年の回収額はさまざまです。そこで、この①～④のプロジェクトの NPV（正味現在価値）と IRR（内部収益率）を求めて、相互に比較をしてみましょう（右図参照）。

★プロジェクト①とプロジェクト②の比較

　両プロジェクトの NPV を見ると、プロジェクト①は 100 ですが、プロジェクト②は 200 でありプロジェクト①の 2 倍です。しかし IRR については両プロジェクトとも 15 ％で同じです。これはプロジェクト②が、プロジェクト①をそっくり 2 倍にしたプロジェクトだからです。このことから、NPV の大小はプロジェクトの規模の大小の影響を受けるものであり、NPV が大きいからといって常に有利だというわけではないとわかります。

★プロジェクト②とプロジェクト③の比較

　両プロジェクトの NPV を見ると、プロジェクト②は 200 ですが、プロジェクト③は 100 でありプロジェクト②の方が大きいです。一方、両プロジェクトの IRR を見ると、プロジェクト②は 15 ％、プロジェクト③は 20 ％でプロジェクト③の方が高く結果が逆転しています。このことから、NPV の大小と IRR の良否が無関係であることがわかります。

★プロジェクト①とプロジェクト④の比較

　両プロジェクトの NPV を見ると、共に 100 で同じです。しかし IRR を見ると、プロジェクト①は 15 ％、プロジェクト④は 30 ％で大きな差があります。設備投資を比較すれば、プロジェクト①は 1121、プロジェクト④は 270 なので、プロジェクト④は小さな資金でプロジェクト①と同じ NPV を実現していることがわかります。4 プロジェクトの中で最も有利なものは NPV 最大のプロジェ

第13章　プロジェクトも管理しよう！

クト②ではなく、IRR の大きなプロジェクト④です。もしプロジェクト③④で
資金が余るなら、他の運用（あるいは配当）を考えなければなりません。

Q. NPV 法と IRR 法を、正しく使いわけられますか？

	現在	1 年後	2 年後	3 年後
プロジェクト案①	−1121	491	491	491
プロジェクト案②	−2242	982	982	982
プロジェクト案③	−552	262	262	262
プロジェクト案④	−270	149	149	149

※簡単化のため 1～3 年後の回収額を同じにしている。

【4 つのプロジェクト案のキャッシュフロー】

	NPV	判断	IRR	判断
プロジェクト案①	100	GO	15 %	NOT GO
プロジェクト案②	200	GO	15 %	NOT GO
プロジェクト案③	100	GO	20 %	GO
プロジェクト案④	100	GO	30 %	GO

※会社の目標 WACC は 10 %、ただし認可基準を IRR20 %としている。

【NPV の評価は全て GO、でも IRR の評価は異なる】

173

TASK 62　NPV法とIRR法が衝突した時の判断（その②）

NPV法とIRR法の違いを理解するために、もう少し比較を続けましょう。
大雑把に見れば、NPV法はプロジェクトの規模と効率が混ざった評価、
IRR法は純粋に効率の評価をする方法です。

▶▶複数プロジェクトを組み合わせた時の、NPV法とIRR法の違い

　会社の目標WACCが10％であることを前提としていくつかのプロジェクト
の例を示してみました（右図参照）。

★A案

　NPVがゼロです。これは「IRR＝目標WACC」であることを意味します。

★F、G案

　NPVがマイナスです。これは「IRR＜目標WACC」であることを意味します。

★B、C、D、E、H案

　全てNPVがプラスです。これは「IRR＞目標WACC」であることを意味し
ます。

★B案とC案の比較

　NPVが大きいのはC案、IRRが高いのはB案で、大小関係が逆転していま
す。有利なプロジェクトはIRRが大きいB案の方です。

★D案とE案の比較

　NPVは同じで、IRRが違っています。有利なのはE案です。E案の有利さは、
同じNPVを800の投資で実現していることからも明らかです。

★E案とF案の組み合わせ

　E案はIRRで見て有利なプロジェクトですが初期投資が小さいプロジェクト
でもあります。もしE案の実施で余った資金を寝かしてしまうと（F案）、結
果として合計のIRRはかなり低下してしまいます。

★E案とG案の組み合わせ

　余剰資金がある場合（利益剰余金や内部留保など）、それを寝かすよりは
NPVマイナスのプロジェクト（IRRがWACCを下回っている）を実施した方
がIRRは改善します。

★E案とH案の組み合わせ

　全てのプロジェクトが、目標WACC（IRRの判定値）を上回っていることが
理想です。もし余剰資金（内部留保された利益剰余金など）があるにもかかわ
らず適切なプロジェクト案を見つけられない場合は、その余剰資金を配当・償
還するのが正しい配当ポリシーです。そうしなければ、会社全体のパフォーマ
ンスを下げてしまうからです。こうした判断はIRRあればこそです。

第13章　プロジェクトも管理しよう！

Q. 最も儲かるプロジェクトを、正しく選択できますか？

	0年目	1年目	2年目	3年目	4年目	NPV	IRR
A案	−1200	482	482	482		0	10%

	0年目	1年目	2年目	3年目	4年目	NPV	IRR
B案	−1200	643	643	643		400	28.1%
C案	−4000	1930	1930	1930		800	21.0%

NPV が大きいのは C 案、IRR が大きいのは B 案 ➡ 優先実施すべきは B 案

	0年目	1年目	2年目	3年目	4年目	NPV	IRR
D案	−2000	694	694	694	694	200	14.5%
E案	−800	315	315	315	315	200	21.0%

NPV は同じ、IRR が大きいのは E 案 ➡ 優先実施すべきは E 案

	0年目	1年目	2年目	3年目	4年目	NPV	IRR
E案	−800	315	315	315	315	200	21.0%
F案	−1200	0	0	0	1200	−380	0.0%
合計	−2000	315	315	315	1515	−180	6.7%

資金を放置すると（F 案）、全体の IRR は下がってしまう

	0年目	1年目	2年目	3年目	4年目	NPV	IRR
E案	−800	315	315	315	315	200	21.0%
G案	−1200	350	350	350	350	−91	6.5%
合計	−2000	665	665	665	665	109	12.5%

資金を放置するよりは、何かをやった方が全体の IRR は改善する

	0年目	1年目	2年目	3年目	4年目	NPV	IRR
E案	−800	315	315	315	315	200	21.0%
H案	−1200	410	410	410	410	100	13.8%
合計	−2000	725	725	725	725	300	16.7%

全てのプロジェクトで十分な IRR を確保できないなら、資金を配当に回す

※ NPV 計算の前提となる WACC は 10％と仮定している。
※簡単化のため、毎年のキャッシュインを均等額とし、税効果を考慮していない。

TASK 63 研究開発プロジェクトを、IRR 法で管理しよう

設備投資ではなくても、固定費の増減を伴うプロジェクトであれば IRR 法で評価できます。なかなか先が見通せない研究開発活動が目指すべき目標も、IRR 法で整理してみましょう。

▶▶研究開発プロジェクトも、きちんと管理しよう！

　ある会社で、画期的な新製品を 5 年後に上市するというプロジェクトが実施されていました。しかし翌年も、その翌年も、いつまで経っても上市目標は 5 年後のまま。これは、開発上の困難によって期限が伸びたのではなく、最初からスケジュールを適切に見積れていなかったことによる失敗でした。研究開発は不確実性の高いプロジェクトですが、その活動内容が外部からは見え難く、聖域になりがちです。会社全体が 1 分 1 円単位での効率化やコストダウンに努めていても、**研究開発プロジェクトが費用を垂れ流し**にしていたら意味がありません。達成期限が曖昧で緊張感を欠いた活動からは良い発想は生まれず、良い人材も育ちません。

▶▶困難なプロジェクトこそ、IRR 法で目標管理しよう！

　研究開発プロジェクトに限らず、長期間にわたる経営革新や事業構造の見直しといったプロジェクトは、IRR 法で目標管理できます。

★プロジェクトを計画する時の管理

　まずは実行前の段階で、毎年のお金の出入りや、最終的な着地点をキャッシュフローの視点で整理しましょう。IRR を計算して効果が不十分なら、費用投下のタイミングを分散または遅らせたり、効果の刈り取りを早めたりしなければなりません。また、研究開発などの実行リスクの高いプロジェクトの場合、会社の目標 WACC（例えば 10 ％）に対して、計画上の IRR を相当程度高くしておかなければなりません（30 ％以上とするなど）。どうしても計画上の IRR が目標に達しない場合、プロジェクトの見直しも必要です。

★プロジェクトを実行する時の管理

　実行段階に入ったら、計画されたキャッシュフローと実績のキャッシュフローを比較して、深刻な乖離が生じていないかを点検します。計画時の見積もりに甘さがあった場合、見積もりの方法を修正し、同じ失敗を次の案件の計画で繰り返さないようにしなければなりません。

★プロジェクトのリカバリーを試みる時の管理

　計画が順調でない場合、残存期間について IRR を再計算してみましょう。残存期間の IRR が低くリカバリーの見込みがないなら、**新規の固定的支出を停止**し、中断を検討すべきです。

第13章　プロジェクトも管理しよう！

Q. 研究開発プロジェクトを、どのように管理していますか？

	←―――開発期間―――→			←―――販売期間―――→		
	1年目	2年目	3年目	4年目	5年目	6年目
売上高	―	―	―	200	400	250
変動費	―	―	―	−120	−240	−150
付加価値	―	―	―	80	160	100
固定費の増加	−10	−10	−10	−8	−6	−6
設備投資			−100 設備投資			10 設備売却
キャッシュフロー	−10	−10	−110	72	154	104

内部収益率（IRR）＝50%

【ある研究開発プロジェクトの IRR 評価】

売上高
−全ての変動費
＝付加価値

固定費の増減を伴わない変更
例）在庫戦略の変更、原材料の変更、アルバイトの
　　増員などの判断
➡付加価値の増減で判断できる（IRR法は要らない）

−ヒトの固定費
−モノの固定費

ヒト・モノの固定費の増減を伴う変更
例）設備投資、研究開発、構造変革プロジェクトの
　　立上や継続の判断
➡IRR法で判断する

−カネの固定費
＝株主利益　　　　}　計算されたIRRとWACCを比較する

【どんな場面で IRR 法を使うのか？】

177

TASK 64　補助金の利用も、IRR法で判断しよう

補助金が取れるプロジェクトの経済性も、IRR法で判断します。どんなに多額の補助金が取れそうでも、IRRが低ければプロジェクトは必ず重荷になるのでNOT GOです。

▶▶未来への青写真を思い描くことから、始めよう！

　補助金が取れそうな時にも、IRR法による評価を必ずやってみましょう。例えば昨今、脱炭素に関わる省エネ機器の導入などで補助金の活用が期待されています。しかし補助金の獲得には手間がかかることに加え、いったん何らかの設備を導入すれば、会社の**その後の意思決定が長期間にわたって縛られる**というリスクもあります。こうした場合には手当たり次第に補助金を取りに行くのではなく、これから会社が何を目指していくのかという青写真をしっかり描いた上で取り組むことが大切です。青写真はキャッシュフローの視点で描きます。キャッシュフローが描けたら、設備投資にかかわるキャッシュアウトと、そのプロジェクトの実施によって期待されるキャッシュアウトの節減（エネルギー費の毎年の節減など）を比較して、IRRを計算してみましょう。

▶▶IRRの高いプロジェクトなら、実施しよう！

　右図に示した事例では、省エネ投資プロジェクトのIRR（7％）が、会社の目標WACC（10％）を下回っているので、判断はNOT GOです。いくら省エネ（あるいはCO_2削減）の効果があっても、IRRが低いプロジェクトを無理に実行すれば、将来の重荷になり、**会社の経営を圧迫することになるからです。**しかし補助金の効果的な利用によるキャッシュアウトの節減でIRRが改善され（例えばIRR＝20％）、目標WACCを大きく超えられそうなら、判断はGOに変わるでしょう。

　補助金を使ってもなおIRRが目標WACCを超えられないなら、その設備投資プロジェクト（および補助金の取得）を無理に実施すべきではありません。

（補足）省エネ効果が低くても、IRRが十分に高いプロジェクトなら実施すべきです。

	省エネ効果が高い	省エネ効果が低い
IRR 高い（IRR＞20％）	実施すべき	実施すべき
IRR 中位（IRR＜10〜20％）	慎重に判断して実施する	慎重に計画を見直す
IRR 低い（IRR＜10％）	実施しない	実施しない

第13章　プロジェクトも管理しよう！

Q. 補助金の利用も、IRR法で判断していますか？

	現在	1年後	2年後	3年後	4年後	5年後
売上高の増加						
電気代の節減		20.0	22.0	24.2	26.6	29.3
付加価値の増加		20.0	22.0	24.2	26.6	29.3
固定費の増加						
設備投資	−100					
補助金	0					
キャッシュフロー	−100	20.0	22.0	24.2	26.6	29.3

➡ IRR＝7％（組み込み関数で計算）

【補助金なしの計画（IRR＜10％ ➡ NOT GO）】

	現在	1年後	2年後	3年後	4年後	5年後
売上高の増加						
電気代の節減		20.0	22.0	24.2	26.6	29.3
付加価値の増加		20.0	22.0	24.2	26.6	29.3
固定費の増加						
設備投資	−100					
補助金	30					
キャッシュフロー	−70	20.0	22.0	24.2	26.6	29.3

➡ IRR＝20％（組み込み関数で計算）

【補助金ありの計画（IRR＞10％ ➡ GO！）】

TASK 65　IRR 法で、成長・物価・CO_2 を両立させよう

省エネや脱炭素のプロジェクトも、一般の設備投資と同様に IRR 法で評価します。経済性があれば CO_2 の削減効果にかかわらず GO、なければ NOT GO の判断です。

▶▶省エネ投資プロジェクトを、IRR で評価してみよう！

　省エネ投資には、CO_2 削減という環境的効果だけではなく、エネルギー費節減という経済的な効果もあります。その両方を評価する手順を数値例で見てみましょう。

手順 01：省エネに寄与する施策の抽出と投資額の見積り

　まず省エネやエネルギー利用の効率化に資する施策を抽出します。IRR 法の評価対象とするべき施策は、設備投資を伴うプロジェクトおよび固定費の増減を伴うプロジェクトです。下記では 2 つの施策（①生産設備の集約、②設備の高断熱化）について、設備投資の総額と各年のキャッシュアウトを見積もりました。補助金を受けられる見込みがある場合は、設備投資額の減額として考慮することが考えられます。

	A	B	C	D	E	F	G
1							
2		投資予定	2026	2027	2028	2029	2030
3	①設備集約	−18 M	−6 M	−6 M	−6 M		
4	（進捗）		33 %	67 %	100 %	100 %	100 %
5	②高断熱化	−40 M	−10 M	−10 M	−10 M	−10 M	
6	（進捗）		25 %	50 %	75 %	100 %	100 %
7	補助金	+10 M	+10 M				
8		CASH OUT	−6 M	−16 M	−16 M	−10 M	

（金額単位：百万円）

手順 02：抽出した各施策の効果の見積り

　次に各設備投資プロジェクトによるエネルギーの節減効果を見積りましょう。ここでは、2030 年に 2026 年比で 51 ％削減を目指す計画としています。エネルギー使用量が減れば、CO_2 と電気代の両方が削減できます。例えば、効果 20 ％の設備投資が 50 ％進捗すれば、削減効果が 10 ％（＝20 ％×50 ％）になるなどです。

180

第13章　プロジェクトも管理しよう！

10		省エネ効果	2026	2027	2028	2029	2030
11	①設備集約	27％	9％	18％	27％	27％	27％
12	②高断熱化	24％	6％	12％	18％	24％	24％
13	合計	51％	15％	30％	45％	51％	51％

手順03：事業の成長計画の確認・電気代高騰の予測

　さらに今後の事業成長や、電気代の高騰予想について考慮します。ここでは事業の成長（すなわち電気使用量の増加）が年1％、電気代の値上がりが年2％と予測しています。

15		電気代	2026	2027	2028	2029	2030
16	現状水準	−30 M	−30 M	−30 M	−30 M	−30 M	−30 M
17	成長考慮	101％	30 M	30.3 M	30.6 M	30.9 M	31.2 M
18	値上考慮	102％	30 M	30.9 M	31.8 M	32.8 M	33.8 M

手順04：プロジェクトの収益性の評価

　厳しい経営環境ですから、IRR（内部収益率）を計算してプロジェクトの経済性を評価しなければなりません。一般に IRR は 10％程度あれば良いとされますが、ここでは実行リスクを考慮して20％を超えることを目指します。ただし、現時点の評価で20％に達していなくても、電気代の上昇を考慮すると状況が変るケースがあります。省エネ・プロジェクトの実施が、将来リスクのヘッジになるという視点も必要です。

15		電気代	2026	2027	2028	2029	2030
16	現状水準	−30 M	−30 M	−30 M	−30 M	−30 M	−30 M
17	成長考慮	101％	30 M	30.3 M	30.6 M	30.9 M	31.2 M
18	値上考慮	102％	30 M	30.9 M	31.8 M	32.8 M	33.8 M
19	省エネ寄与	CASH IN	4.5 M	9.3 M	14.3 M	16.7 M	17.2 M

　今回のプロジェクトの合計キャッシュフローに IRR 関数を適用すると IRR＝38％となります。20％を大きく超えているので GO です。なお、このプロジェクトで補助金なしにすると IRR＝6％となり、10％を下回ってしまうので、経済的には NOT GO です（下表は手順とは別にまとめた表です）。

	2026	2027	2028	2029	2030
CASH OUT	−6 M	−16 M	−16 M	−10 M	0 M
CASH IN	4.5 M	9.3 M	14.3 M	16.7 M	17.2 M
合計	−1.5 M	−6.7 M	−1.7 M	6.7 M	17.2 M

手順 05：CO_2 の削減効果の確認

　補助金ありで IRR ＝ 38 ％ですから、経済的には GO ですが、十分な CO_2 削減ができているのか、についての確認もしておきましょう。

　着手年の排出量を 100 とすると、年 1 ％の成長で 2030 年の排出量は 104.1 です。ここで 51 ％の削減を見込むなら 2030 年の排出量は 51.0 （＝104.1×49 ％）になりますから、着手年との比較でも 49 ％の削減ができることになります。

15		電気代	2026	2027	2028	2029	2030
16		−30 M	−30 M	−30 M	−30 M	−30 M	−30 M
17	成長考慮	101 ％	−30 M	−30.3 M	−30.6 M	−30.9 M	−31.2 M
18	値上考慮	102 ％	−30 M	−30.9 M	−31.8 M	−32.8 M	−33.8 M
19	省エネ寄与	CASH IN	4.5 M	9.3 M	14.3 M	16.7 M	17.2 M
20							
21		CO_2					
22	成り行き	100	100.0	101.0	102.0	103.0	104.1
23	省エネ後		85.0	70.7	56.1	50.5	51.0

▶▶将来を予想して、GO／NOT GO を決めよう！

　今回は、今後の事業成長率を年 1 ％、電気代の高騰を年 2 ％と想定しました。この前提で、プロジェクトの経済性（IRR）は、補助金「あり」で 38 ％、補助金「なし」で 6 ％でした。しかしこの IRR は、今後の電気代の予想如何によっても変わります。電気代の上昇が大きければ大きいほど、プロジェクトの経済性は向上します。どんなに CO_2 の削減効果が大きくても、**経済性が十分でない場合は計画を修正**しなければなりません。経済性の低いプロジェクトを実施すれば、何年間にもわたり重い負担になるからです。

	補助金あり	補助金なし	CO_2 削減
電気代予想　年 0 ％の上昇	IRR＝30 ％	IRR＝2 ％	49 ％
電気代予想　年 1 ％の上昇	IRR＝34 ％	IRR＝4 ％	49 ％
電気代予想　年 2 ％の上昇	IRR＝38 ％	IRR＝6 ％	49 ％
電気代予想　年 3 ％の上昇	IRR＝42 ％	IRR＝8 ％	49 ％

第13章　プロジェクトも管理しよう！

Q. 省エネ効果と経済性の両面を、評価していますか？

	A	B	C	D	E	F	G
1							
2		投資予定	2026	2027	2028	2029	2030
3	①設備集約	−18 M	−6 M	−6 M	−6 M		
4	（進捗）		33 %	67 %	100 %	100 %	100 %
5	②高断熱化	−40 M	−10 M	−10 M	−10 M	−10 M	
6	（進捗）		25 %	50 %	75 %	100 %	100 %
7	補助金	+10 M	+10 M				
8		CASH OUT	−6 M	−16 M	−16 M	−10 M	
9							
10		省エネ効果	2026	2027	2028	2029	2030
11	①設備集約	27 %	9 %	18 %	27 %	27 %	27 %
12	②高断熱化	24 %	6 %	12 %	18 %	24 %	24 %
13	合計	51 %	15 %	30 %	45 %	51 %	51 %
14							
15		電気代	2026	2027	2028	2029	2030
16	現状水準	−30 M	−30 M	−30 M	−30 M	−30 M	−30 M
17	成長考慮	101 %	−30 M	−30.3 M	−30.6 M	−30.9 M	31.2 M
18	値上考慮	102 %	−30 M	−30.9 M	−31.8 M	−32.8 M	33.8 M
19	省エネ寄与	CASH IN	4.5 M	9.3 M	14.3 M	16.7 M	17.2 M
20							
21		CO_2					
22	成り行き	100	100	101.0	102.0	103.0	104.1
23	省エネ後		85.0	70.7	56.1	50.5	51.0
24							

【CASH IN/OUT から求めると IRR＝38 ％なので「GO」】

演習問題

★問題 13-①

　今、R工業には4つのプロジェクト案がある。各プロジェクトの正味現在価値（NPV）が以下の通りだった場合、会社はどのプロジェクトを優先実施すべきか？

	設備投資額	事業期間	正味現在価値 (WACC 10％)	判断	順位
A案	1,000万円	5年	400万円	GO	?
B案	2,000万円	5年	400万円	GO	?
C案	2,000万円	3年	400万円	GO	?
D案	1,200万円	4年	400万円	GO	?

〈答え〉 わからない

　正味現在価値（NPV）が全て同じなので、プロジェクトの優劣が判断できません。設備投資額や事業期間を比較すれば分かる場合もありますが（金額が安い方が有利、期間が短い方が有利）、設備投資額や事業期間がバラバラだとNPV法では手に負えないのです。

★問題 13-②

　R工業の4つのプロジェクト案について内部収益率（IRR）も求めてみた。会社はどのプロジェクトを優先実施すべきか？

	設備投資額	事業期間	正味現在価値 (WACC 10％)	内部収益率	順位
A案	1,000万円	5年	400万円	24.6％	?
B案	2,000万円	5年	400万円	17.5％	?
C案	1,000万円	3年	400万円	31.6％	?
D案	1,200万円	4年	400万円	24.7％	?

〈答え〉 内部収益率が最も高いC案を実施すべき

　設備投資額や事業期間がバラバラな場合、NPV法では優劣の判断ができませんでした。ここでIRR法を用いれば、プロジェクトの比較が可能になります。IRRが高い方が有利なプロジェクトです。

第 13 章 プロジェクトも管理しよう！

★問題 13-③

　R工業はさらに別の３つのプロジェクト案についても検討をはじめた。会社はどのプロジェクトを優先実施すべきか？

	設備投資額	事業期間	正味現在価値 （WACC 10%）	内部収益率	順位
A案	1,000万円	5年	400万円	24.6%	?
B案	2,000万円	5年	400万円	17.5%	?
C案	1,000万円	3年	400万円	31.6%	?
D案	1,200万円	4年	400万円	24.7%	?
E案	2,200万円	4年	800万円	27.5%	?
F案	500万円	3年	500万円	61.2%	?
G案	3000万円	5年	1,200万円	24.6%	?

〈答え〉

　内部収益率が最も高いF案を実施すべき。
　（手許資金に余裕があれば、さらにC案を実施する）

　E案は、C案・D案を同時に実施するプロジェクトです。正味現在価値は両案の合計となり、内部収益率は両案の中間になっています。
　G案は、A案を３倍にして実施するプロジェクトです。正味現在価値も３倍になりますが、内部収益率は変わっていません。

	設備投資額	事業期間	正味現在価値 （WACC 10%）	内部収益率	順位
A案	1,000万円	5年	400万円	24.6%	5位
B案	2,000万円	5年	400万円	17.5%	7位
C案	1,000万円	3年	400万円	31.6%	2位
D案	1,200万円	4年	400万円	24.7%	4位
E案	2,200万円	4年	800万円	27.5%	3位
F案	500万円	3年	500万円	61.2%	1位
G案	3000万円	5年	1,200万円	24.6%	5位

（参考）
　エクセルを用いた場合の正味現在価値／内部収益率の計算方法は以下の通り。

毎年のキャッシュフローの例
（マイナスはキャッシュが会社から出ていく動き／プラスは入ってくる動き）

		A	B	C	D	E	F
1		現在	1年後	2年後	3年後	4年後	5年後
2	A案	−1,000	369	369	369	369	369
3	B案	−2,000	633	633	633	633	633
4	C案	−1,000	563	563	563		
5	D案	−1,200	505	505	505	505	
6	E案	−2,200	1,068	1,068	1,068	505	
7	F案	−500	402	402	402		
8	G案	−3,000	1,107	1,107	1,107	1,107	1,107

※各案の毎年のキャッシュインが同額なのは、設定を簡単にしているため。

A案：正味現在価値＝A2＋NPV（10％，B2：F2）＝400
B案：正味現在価値＝A3＋NPV（10％，B3：F3）＝400
C案：正味現在価値＝A4＋NPV（10％，B4：D4）＝400
D案：正味現在価値＝A5＋NPV（10％，B5：E5）＝400
E案：正味現在価値＝A6＋NPV（10％，B6：E6）＝800
F案：正味現在価値＝A7＋NPV（10％，B7：D7）＝500
G案：正味現在価値＝A8＋NPV（10％，B8：F8）＝1,200

A案：内部収益率＝IRR（A2：F2）＝24.6％
B案：内部収益率＝IRR（A3：F3）＝17.5％
C案：内部収益率＝IRR（A4：D4）＝31.6％
D案：内部収益率＝IRR（A5：E5）＝24.7％
E案：内部収益率＝IRR（A6：E6）＝27.5％
F案：内部収益率＝IRR（A7：D7）＝61.2％
G案：内部収益率＝IRR（A8：E8）＝24.6％

第14章
付加価値の流れを掴もう！

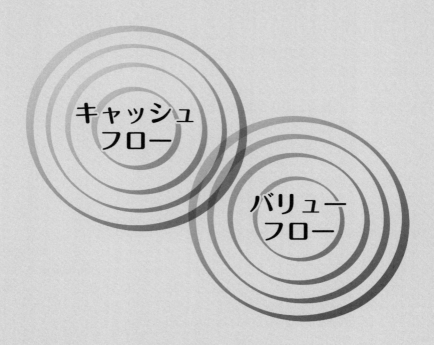

財務会計でC/F（キャッシュフロー計算書）が注目されるようになったのは、P/Lの信頼性が低かったからです。しかし、今日でも多くの財務指標がP/Lから計算されることが多いですし、肝心のC/FやB/Sですら信頼性の低いP/Lを起点に作成されている、という問題がありました。

TASK 66 C/F が必要になった理由を、知ろう

今までの P/L は固定費配賦や減価償却などで歪み、事実（Fact）をきちんと示せなくなっていました。その一方で、過度に逐一的な C/F も、事業の成長を適切に示すには限界がありました。

▶▶C/F が導入された理由は、P/L の信頼性の低下だった！

　P/L（損益計算書）は、会社が良い方向に向かっているかどうかを知るために大切なもののはずでした。しかし P/L は固定費配賦や減価償却などで歪み（TASK 15 参照）、お金の流れと乖離して信頼性が低くなっていました。そのため黒字倒産といった事例が数多く発生していたのです。そこで歪みのない事実を端的に示し信頼性の高い C/F（キャッシュフロー計算書）の作成が要請されるようになりましたが、この C/F も幾つかの限界を抱えています。

C/F の限界①…出発点が P/L であること

　さまざまな操作で歪んでしまった P/L の利益を出発点とし、それを順次に修正する形で営業キャッシュフローを求める構造になっているため、キャッシュフローが生み出されてくる過程が見え難くなってしまっています。

C/F の限界②…過去会計であること

　C/F はあくまでも過去会計なので、未来に向かう資金繰りの管理には向きません。別途に資金繰表などを作成する必要があります。

C/F の限界③…過度に逐一的であること

　P/L の信頼性回復に加えて事実を示すという要請があるため、C/F の計算結果は過度に逐一的です。例えば、過年度分の売上債権の回収や仕入債務の支払いがあれば、当期の営業キャッシュフローは大きく変動します。逐一的な営業キャッシュフローの大小が、そのまま事業の実力や成長を示すわけではないことが、C/F の使い勝手を悪くしていました。

▶▶財務指標が、C/F ではなく P/L から計算されているという問題！

　C/F の本質は、P/L の操作（それが合法的なものであるとしても）の行きすぎを牽制・補完することにあり、**経営管理のツールとしては使い勝手の悪さ**がありました。それゆえに多くの会計指標が、今でも P/L 上の数値に基づいて計算され続けているというのが財務会計のひとつの現実です。厳しい経営環境を生き抜くためには、数値操作の余地を減らして信頼性を回復した使い勝手の良い P/L（管理会計の P/L）がどうしても必要です。

第14章　付加価値の流れを掴もう！

P/L（信頼性×　使い勝手○）
C/F（信頼性○　使い勝手×）　➡　管理会計の P/L（信頼性○　使い勝手○）

Q. 現状の C/F を、どのように活用していますか？

Ⅰ　営業活動によるキャッシュフロー
　　当期純利益（← P/L がスタート）　　　　　　1280
　　減価償却費　　　　　　　　　　　　　　　＋1000
　　有価証券評価損　　　　　　　　　　　　　　＋200
　　固定資産処分損　　　　　　　　　　　　　＋1500
　　固定資産売却益　　　　　　　　　　　　　▲ 800
　　売上債権の増減　　　　　　　　　　　　　▲ 400
　　棚卸資産の増減　　　　　　　　　　　　　▲ 500
　　仕入債務の増減　　　　　　　　　　　　　　＋300
　　　営業活動によるキャッシュフロー　　　　　2580

Ⅱ　投資活動によるキャッシュフロー
　　固定資産の売却に関わる収入　　　　　　　＋2000
　　　投資活動によるキャッシュフロー　　　　　2000

Ⅲ　財務活動によるキャッシュフロー
　　　財務活動によるキャッシュフロー　　　　　　　0

Ⅳ　現金等の増減額　　　　　　　　　　　　　＋4580
Ⅴ　現金等の期首残高　　　　　　　　　　　　　3000
Ⅵ　現金等の期末残高　　　　　　　　　　　　　7580

【C/F の出発点は、P/L の利益でした】

TASK 67 P/L の信頼性回復で、経営を支えよう

過度に逐一的な C/F では事業の成長を適時・適切に示せません。そこで P/L 自体の信頼性回復が必要になります。ポイントは、費用の一体的管理、固変分離の徹底、減価償却の見直しです。

▶▶P/L（損益計算書）の信頼性が低かった理由を、再確認しよう！

今までの P/L（損益計算書）は、故意や過誤によるさまざまな操作で歪んでいました。P/L の信頼性を低下させてきた操作は、主に以下の３つです。

> ① 売上原価と販売費および一般管理費（販管費）を区分する過程に恣意性や不合理があり、売上原価や売上総利益を操作することができた
> ② 製品間や製品・仕掛品間などの固定費配賦に恣意性や不合理があり、売上原価や売上総利益を操作することができた
> ③ 減価償却に恣意性や不合理があり、売上原価や販管費を操作して、売上総利益を操作することができた

「操作」と言っても、必ずしも悪意の改変だけを意味しているわけではありません。過誤や理解不足、計算過程そのもののブラックボックス化などを含む表現です。いずれにしても、現状の P/L には歪みがあり、**誤った経営判断を導いてしまうリスク**がありました。

▶▶P/L の信頼性の回復について、考えてみよう！

財務会計の P/L は、あくまでも外部開示のために外部開示の決まりに従って作られるものであり、**日々の経営判断のために作られるものではありません**。ですから社内管理用の P/L を別途に作る必要があります。事業の実情や経営課題を率直に把握し、施策を考え、目標を設定し、施策を実行し、結果を分析して次の行動を決めていく…その全ての場面で信頼性の高い P/L が必要だからです。正しい管理会計の P/L が具備すべき要件を再確認しておきましょう。

★売上原価と販管費を区別せず、一体的に管理する

昨今の事業活動の高度化で、工場内・外の活動を区分することは困難であり、区分する意味もなくなりました。

★固定費配賦を止める

変動費と固定費の分離は MUST です。分離の視点からは固定費配賦も止めなければなりません。

★減価償却を見直す

減価償却は会計の常識ですが、実は極めて恣意的で不合理な会計処理でした。

第14章 付加価値の流れを掴もう！

さまざまな固定費の配賦でP/Lは歪みますが、減価償却は固定費の発生金額そのものを大きく歪めてしまいます。この歪みを解消する方法に、即時償却の励行があります（TASK 68参照）。

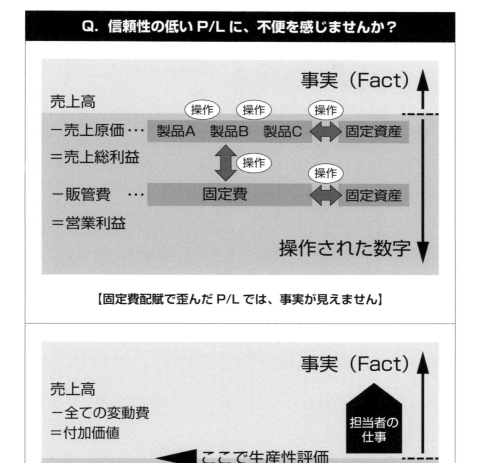

TASK 68　費用収益対応原則の見直しで、経営を支えよう

費用収益対応原則を無理に固定費に当てはめ、配賦でバラバラにしてきたことが、固定費管理の失敗の原因でした。金額で計画される固定費は金額で管理すべきです。それがこの原則のあるべき姿ではないでしょうか。

▶▶減価償却の原則を、見直そう！

正しい管理会計では、即時償却を推奨します（TASK 13 参照）。従来の減価償却には①償却方法や償却期間の選択に科学合理性がないこと、②設備投資判断が甘くなり、費用の繰り延べとなって危険なこと、③時限爆弾ともいうべき減損の原因になること、④IRR 法（第 12 章参照）を使っている場合、計画時の評価と各年の損益計算を近づけられること、などがその理由です。

★建物・工場・設備・構築物などの即時償却

転売市場がある場合は転売価格まで即時償却します。転売市場がない場合はスクラップ価格まで（あるいは 1 円残して）即時償却します。

★使用可能期間が明確な場合…特許権、商標権などの償却

これらは、使用可能期間にわたって定額法で償却しますが、配賦はしません。

★利用可能量が明確な場合…採掘権・車両などの償却

生産高比例法で償却。車両等も総走行距離が決まっているなら走行距離で償却。

▶▶固定費管理の原則を、見直そう！

減価償却を行い、さらにそれを固定費として配賦することの根拠は、一般に「費用収益対応の原則」だと説明されてきました。しかしこの原則は、固定費の配賦には当てはまりません。なぜなら売上高・変動費と固定費は、相互に異なるタイミングで、異なる責任関係の下で発生するものであり、それゆえに両者には対応関係が存在しないからです（TASK 12 参照）。無理に固定費（例えば減価償却費）を配賦計算しようとすると、**稼働実績によって数値が著しく変動して**原価計算の結果が使い物になりません（TASK 16 参照）。このこと自体が、配賦になじむ対応関係が存在していないことの証左です。

「配賦しないと固定費の管理ができない」という主張も根強く存在します。こうした場合、販管費側にも存在する固定費（配賦されない固定費）を**今までどのように管理してきたのか**という疑問が湧きます。もし販管費が適切に管理できていなかったのなら、改めて固定費全般の管理体制を見直して下さい。費用と収益を対応させる方法は必ずしも配賦だけに限られません。固定費を細切れに配賦せず、売上高と同時にそっくり P/L 計上することこそ、経営の意図に沿った費用・収益の対応だといえます。

第14章 付加価値の流れを掴もう！

Q. 費用と収益の対応って、何ですか？

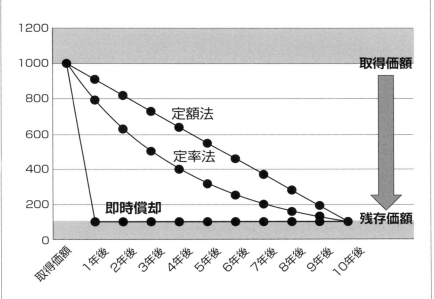

【償却方法の恣意性で、簿価も実体を失います】

売上高
- 製造部門の変動費　｜
- 製造部門の固定費配賦　｜ 売上原価
= 売上総利益

- 販売部門の変動費　｜
- 販売部門の固定費　｜ 販管費
- 一般管理部門の固定費　｜
= 営業利益

売上高
- 全ての変動費
= 付加価値

- ヒトの固定費
- モノの固定費
- カネの固定費
= 株主利益

【対応させないのではなく、対応のさせ方が違います】

TASK 69　B/S の復活で、真の財政状態を把握しよう

本来のB/S（貸借対照表）は真実の財政状態を示すためのもののはずでした。しかし、いつしか大切な原則が見失われていたようです。原点への回帰こそ、新しい経営革新の入口です。

▶▶真実の財政状態を示す努力が、不十分だった！

　従来の大企業の財務会計では、外部開示の体裁を整えるため、P/L（損益計算書）のみならずB/S（貸借対照表）についてもさまざまな操作が行われてきました。例えば、固定資産を少なく見せるため（見かけの固定資産回転数が上がるので好まれる）、会社の生産設備を形式的にリース化してB/Sから消去してしまうなどです（オフバランス化）。その後、不健全なオフバランス化に対する規制は強化されていますが、真実の財政状態を示すための努力ではなく、**見かけだけを良くするという視点**から専門的な指導が行われる場面が少なからずあったことには注意を払わなければなりません。

▶▶B/S の信頼性を、回復しよう！

　中小製造業の管理会計（内部管理の会計）にあっては、できる限り正しいB/Sを作成し、真実の財政状態を可視化して的確な経営判断を下していかなければなりません。

★減価償却の問題➡固定資産の金額を見直す

　従来通りに減価償却されている固定資産がある場合、見かけの簿価と現実の資産価値が大きく乖離していますが、減価償却の原則を即時償却にすれば乖離を小さくできます。「即時償却すると欠損金が出て困る（だからゆっくり減価償却する）」という見解がありますが、それは実質的な数値操作です。管理会計上は**真実の財政状態を示す努力**をしましょう。そして純資産を大幅に減らしてでも実施したい設備投資なのかどうかをIRRで慎重に判断してください。

★固定費の配賦の問題➡流動資産の金額を見直す

　今まで、仕掛在庫や製品在庫にも固定費を配賦するのが通例でしたが、恣意的な配賦によって（期末在庫に固定費を多額に配賦する、そのために余剰な在庫を積み上げるなど）、真実の財政状態がわからなくなってしまう場面がありました。変動費と固定費を分離し固定費配賦を止めれば、誤った在庫積み上げの動機は自ずと解消されます。やみくもなゼロ在庫を卒業しましょう。

★オフバランス化しない

　当然に不健全なオフバランス化はしません。管理会計は、体裁の良い財務諸表を外部に開示するためのもの（外部会計）ではありません。それは経営者が、

経営課題を率直に把握し、手当てしていくための会計（内部会計）だからです。

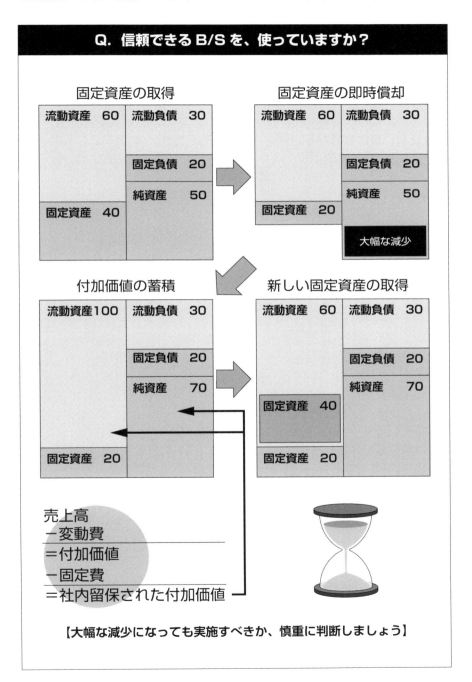

TASK 70　正しい管理会計で、正しい FCF を求めよう

EBITDA や FCF 等の財務数値は、しばしば信頼性の低い P/L から計算されてきました。P/L 作成過程の危うさが知られていなかったからです。正しい管理会計を使えば信頼性が高まり、事業の成長を可視化できます。

▶▶正しい管理会計から、EBITDA や FCF を求めよう！

　財務会計の世界には EBITDA（利息と税金支払い前・減価償却費控除前の利益）や、FCF（フリーキャッシュフロー）などの重要数値があります。ともに事業で稼ぐ力を示す数値として重視されます。計算方法には幾つかの流儀がありますが、例えば下記です。

> EBITDA＝営業利益(±その他の営業収益・費用)＋減価償却費
> FCF＝EBITDA－設備投資

　これらの式から、3つの注意点が抽出できます。

注意点①：減価償却費を加算しているのは、恣意的な減価償却（！）の影響を取り除くためでもありますが、引き続き従来の P/L の営業利益から計算されることが少なくないため、恣意的な固定費配賦（固定労務費・固定経費等）の影響は排除しきれていません。

注意点②：現状の EBITDA は、労務費を「コスト」として控除した財務数値になっているので、会社を支え成長させていく「人の力」を正しく評価することができません。

注意点③：FCF（フリーキャッシュフロー）という名前ですが、C/F（キャッシュフロー計算書）ではなく P/L の営業利益から計算されることがあります。この場合、C/F で扱う逐一的なキャッシュの動きではなく、むしろ P/L 的な利益や付加価値の流れを見ています。

▶▶正しい管理会計は、V/F（バリューフロー）を示している！

　EBITA や FCF をより良い財務数値とするには、信頼性の不十分な財務会計の P/L や、使い勝手の悪い C/F からではなく、変動費と固定費をしっかり分離して付加価値の流れ（会社が稼ぎ、ヒト・モノ・カネに分配し、さらに会社を成長させていく）を示せる管理会計から求めるとよいでしょう。EBITDA や FCF と付加価値の関係は以下の通りです。

> EBITDA＝付加価値－ヒトの固定費
> FCF＝付加価値－ヒトの固定費－モノの固定費（維持に必要な部分）

第14章　付加価値の流れを掴もう！

（参考）管理会計上で、会社の根本責任であるWACC（資本コスト）の達成／未達成を確認した上で、株主に還元（例えば配当）しなかった部分の加算をすれば、社内留保される付加価値（バリュー）がどう成長しているかを示すことができます。

Q. どんな P/L なら、正しい FCF が求まりますか？

会社を支える力

売上高　　変動費　　ヒトの固定費　　モノの固定費（維持）

付加価値　　EBITDA　　FCF

【付加価値と EBITDA や FCF の関係】

売上高
－全ての変動費
＝付加価値

－ヒトの固定費
－モノの固定費
－カネの固定費（銀行）
＝株主利益

売上高
－全ての変動費
＝付加価値

－ヒトの固定費
－モノの固定費（即時償却）
－カネの固定費（銀行）　　WACC
－カネの固定費（株主）

＋WACCのうち配当しなかった部分
＝社内留保されたバリュー

（参考）管理会計上で、付加価値の成長を求める方法

演習問題

★問題 14-①

　S工業のC/F（キャッシュフロー計算書）は以下の通りであった。会社の事業は成長段階・成熟段階・衰退段階のどの段階にあると判断されるか？

営業キャッシュフロー	+1200万円
投資キャッシュフロー	−2000万円
財務キャッシュフロー	+1000万円

現金等の増減額
+200万円

〈Q〉
成長？　成熟？　衰退？

〈答え〉　成長

　成長段階の特徴は、財務C/Fがプラス、投資C/Fが大きくマイナスであること。

★問題 14-②

　T工業のキャッシュフロー計算書は以下の通りであった。会社の事業は成長段階・成熟段階・衰退段階のどの段階にあると判断されるか？

営業キャッシュフロー	+500万円
投資キャッシュフロー	−400万円
財務キャッシュフロー	−100万円

現金等の増減額
+0万円

〈Q〉
成長？　成熟？　衰退？

〈答え〉　成熟

　成熟段階の特徴として、財務C/Fがマイナスになることがある。

★問題 14-③

　U工業のキャッシュフロー計算書は以下の通りであった。会社の事業は成長段階・成熟段階・衰退段階のどの段階にあると判断されるか？

営業キャッシュフロー	−100万円
投資キャッシュフロー	+500万円
財務キャッシュフロー	−700万円

現金等の増減額
−300万円

〈Q〉
成長？　成熟？　衰退？

〈答え〉　衰退

　衰退段階の特徴として、投資C/Fがゼロまたはプラスであることが多い。

第15章
ビジネスを進化させよう！

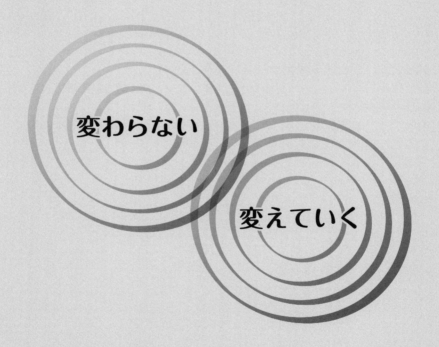

円安、物価高騰、戦争、気候変動など、世界は全く変わってしまいましたが、厳しい状況はライバルも同じ。一歩先の行動は競争力になりますが、対応が遅れて差が付けば挽回は困難です。生き残るのは大企業ではなく、機敏に変われる会社。それを正しい管理会計が支えます。

> ## TASK 71　会社の「変われない」を、変えよう
>
> 今までの製造業の強味は「変わらない」でした。変わらない技術、変わらない品質・製品、変わらない仕事の仕方…今はそれが弱味です。ビジネスモデルを変え、逆風を追い風に変えましょう。

▶▶日本の製造業を支えてきた前提の喪失に、注意しよう！

　21世紀の経営環境の変化で、国内製造業の強みを支えていた前提が失われつつあります。取り組むべき経営課題が変わっていくなら、日本の中小製造業も新しい活躍のフィールド、経営セオリー、競争力の源泉を積極的に見つけていかなければなりません。

★環境変化①…資源価格やエネルギー価格の高騰

　エネルギー・鉱物資源・生物資源は有限です。今まで**資源が無限に入手できるという前提**で設計され運営されてきた経済社会ですが、世界の指数関数的な経済成長と人口爆発で、資源の急速な枯渇（少なくとも価格の暴騰）に直面します。自国優先主義が広がり、資源の争奪や囲い込みが激化する一方で、資源を持たない日本の製造業は逆風に苦しむでしょう。そんな時代には、早めの対策が相対的な競争力になっていきます。

★環境変化②…CO_2 の排出規制

　気候変動や異常気象は、すでにリスクです。CO_2 の排出規制の強化で事業はさらに制約を受けます（第9章参照）。どうせなら、本気の脱炭素を経営革新に繋げましょう。

★環境変化③…消費行動の変化

　未来への不安の広がりが、日本国内でも少子化として表れています。顧客の消費行動は大きく変化していきます（TASK 72 参照）。柔軟に変われる会社になりましょう。

★環境変化④…技術力の停滞

　日本の技術力の低下が止まりません。AIの進化が逆風を強める可能性もあります。その背景には、いつまでも「変われない」国内製造業の限界がありました（第11章参照）。

▶▶リスク評価をして、行動を決めよう！

　製造業が向き合うべき環境変化の中で最も危険なものは、エネルギー資源の入手難（あるいは、さらなる価格高騰）でしょう。2020年頃のデータでは、化石燃料の可採年数（現状のまま、あと何年掘れるか）は、石油50年、石炭130年、天然ガス50年、ウラン100年程度でした。全体では80年。ただし世界経

済の成長（≒エネルギー消費の伸びでもある）を考慮すれば、3％成長の場合で41年です。売り惜しみや買い占め、投機といった10年間の混乱期を想定すると、31年後（2051年頃）にエネルギー（およびプラスチックや食料）の入手が困難になるリスクがあるということです。この結論は、資源量が多少増えても変わりません。経営はリスクを評価し、リスクがない→特に何もしない／リスクがある→事業ポジションの変更など（TASK 73参照）といった行動を決めてください。現実に向き合わずリスク評価すらしないことが、もっとも危険な対応です。

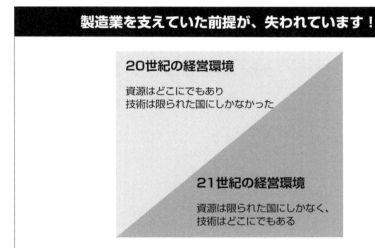

TASK 72　会社の事業ポジションを、確認しよう

今までの製造業は、工場オペレーションの効率に集中するあまり、外部環境や市場の変化をしっかり見ていないケースがありました。これからは社会のトレンドを予測して、変化を先取りしましょう。

▶▶2つの軸で、事業ポジションを点検してみよう！

　昨今、「サステナビリティ」や「SDGs」が頻繁に語られます。「地球に優しく」というイメージでのみ捉えられがちだった「サステナビリティ」や「SDGs」ですが、実はその本質は、**激変する21世紀という時代をどう「生き抜くか」**ということにあります。世界規模での資源枯渇や物価高騰の動向を考える時、それぞれの会社は現状のポジションを点検し、それぞれのポジションでこれから必要になる準備と対策を始めなければなりません。点検の軸は、①生活必需品か否か、②省資源型か多消費型か、です。

★「ステップダウン」に求められる準備

　これは生活必需品ではないにもかかわらず、資源を多量に消費しているポジションです。これから物価高騰が激しくなれば製造コストが上昇する一方で、非生活必需品に対する需要は急速に減退し売価が上がらないリスクがあります。もし事業の現状がステップダウンに該当するなら、他のポジションへの計画的な移動を検討する必要があるでしょう。

★「イノベーティブ」に求められる準備

　生活必需品ではありながら、現状において資源をたくさん消費しているポジションです。生活必需品である以上、物価高騰下でも一定の需要と売価は維持されます。しかし省エネ・省資源に向かって激しい技術競争が起きることが想定されるので、常に革新的な社風を維持し、技術革新をリードする（少なくとも乗り遅れない）体制を作らなければなりません（常に変わり続けられる会社）。代替製品の出現にも注意を払う必要があります。

★「サステナブル」に求められる準備

　生活必需品で省資源型でもあるポジションです。持続可能性が高い分野ではありますが、何をしなくても安泰というわけではありません。特にオペレーション（コスト管理方法の改善、在庫の最適化、人材の育成、設備投資の適切な実行など）において致命的な失敗（あるいは致命的な不作為）をしてしまわないように注意する必要があります。

★「ユニーク」に求められる準備

　生活必需品ではないながら、省資源型ではあるというポジションです。ニッチな領域で一定の付加価値を維持できる事業分野になると想定されますが、提

第15章 ビジネスを進化させよう！

供する製品・サービスには人まねではない卓越した独自性や存在感が求められるでしょう。

Q. 4つのポジションを意識して、行動していますか？

	非エッセンシャル（生活非必需品）	エッセンシャル（生活必需品）
多消費型	ステップダウン（撤退） 計画的撤退を検討すべき事業分野  付加価値がマイナスになる	イノベーティブ（革新） 激しい技術革新に耐えるべき事業分野  需要はあるが、競争は激しい
省資源型	ユニーク（独自価値） 製品に独自の価値を求められる事業分野  ニッチな領域で付加価値確保	サステナブル（持続） オペレーションで失敗をしてはならない事業分野  コスト管理の失敗は致命傷

TASK 73　4象限で、会社が進むべき方向を考えよう

世界規模の変化が進行し、事業を支える前提が次々と失われていきます。現状できることに囚われず、これから何が必要なのかを考えましょう。会社の最も重要な資源は建物や設備ではなく人であることを忘れずに。

▶▶今の位置を確認し、ポジションを変えていこう！

　円安や物価高騰、需要減少といったリスクは、これから徐々に増大することはあっても、大きく解消する方向には進まないと考えるべきでしょう（それぞれの会社のリスク判断次第ですが）。すっかり身動きが取れなくなってしまう前に、現状の事業を、①生活必需品／生活非必需品、②資源やエネルギーの多消費型／省資源型の2つの軸で点検し、これから事業が直面することになるリスクを評価しなければなりません。もし**事業の現状が「ステップダウン」に近いポジションにあるなら**、今から計画的に「イノベーティブ」「ユニーク」「サステナブル」に向かって事業ポジションの転換を始めましょう。

▶▶今改めて、人はコストですか？　資源ですか？

　事業のポジションを変えるには、多くのイノベーションに支えられた経営革新が必要です。**イノベーションを担うのは人の力**ですから、会社は人を育て、成長と分配の好循環を実現しなければなりません。勤勉な国民性にもかかわらず、日本の生産性が先進国グループから脱落しつつある原因の1つは、従来の会計や財務KPIの多くが、**人をコスト扱いして「育てる視点」を持たなかった**ことでした。社会経済が比較的に安定していた時代（＝人をコスト扱いし、効率だけ追求すれば足りた時代）は既に過去です。激しく変化する時代を生き抜くのは主体的に動ける人材を育てた会社です。人をコスト扱いするのではなく、未来を切り拓く最重要の経営資源として育てる視点を持ちましょう。

▶▶日本の大きな「手つかず」は、大きな可能性でもある！

　経営管理と会計の「手つかず」を見てきました。固変分離ができていない、変動費・固定費と直接費・間接費の混乱、サプライチェーンが一体管理できない、費用の異常値が発見できない、損益分岐点が求まらない、減価償却の恣意性、コストダウンと生産性向上の混同、等々。今までこれらの問題が「手つかず」だったのは、経済社会が比較的平穏だったことと、**経営管理と会計の両方を見渡せる専門家が少なかった**からでしょう。でも、もしこれから厳しい時代がやってくるなら、先手の行動で**危機をチャンスに変えましょう**。大きな「手つかず」は、大きな可能性でもあることを絶対に忘れないでください。

第15章 ビジネスを進化させよう！

Q. 経営革新を、どうやって実現していきますか？

	非エッセンシャル （生活非必需品）	エッセンシャル （生活必需品）
多消費型	**ステップダウン（撤退）** 計画的撤退を 検討すべき事業分野	**イノベーティブ（革新）** 激しい技術革新に 耐えるべき事業分野
省資源型	**ユニーク（独自価値）** 製品に独自の価値を 求められる事業分野	**サステナブル（持続）** オペレーションで失敗を してはならない事業分野

【計画的に、ビジネスを変えていかなければなりません】

【従来の財務指標では、人の力が測れませんでした】

TASK 74　正しい管理会計で、厳しい時代を生き抜こう

財務会計や、その延長の古い管理会計では適切な経営管理はできません。財務会計の目的は「決まり通りの開示」であり、経営管理のためのものではなかったからです。

▶▶今までできていなかったことを、きちんとやろう！

今までの財務会計と古い管理会計は経営管理のためにデザインされたものではなく、固変分離にも失敗していました。有効な会計を欠いた経営管理には限界があったのです。ですから、固変分離を徹底した正しい管理会計を使えば多くのことが可能になります。

★損益分岐点分析やシミュレーションが可能になる

損益分岐点は有名な概念ですが、きちんと固変分離しなければ正しい損益分岐点を求めることはできません。損益分岐点の分析やシミュレーションの実施、安全余裕率の設定、正しい事業計画の立案には、固変分離のやり直しが不可欠です。

★費用の予実比較、異常値管理が可能になる

きちんと固変分離しなければ、予算に対する変動費や固定費の実績に異常があったか／なかったのかが判断できません。適切な処置もできません。

★コストダウン・CO_2削減が可能になる

コストダウン（なるべく使わない）と生産性向上（しっかり使う）は管理目標が正反対です。きちんと固変分離しなければ、適切なコストダウンやCO_2削減は成功しません。

★生産性評価と人材育成が可能になる

きちんと固変分離しなければ、生産性を測定することができません。生産性を測定できなければ、それを向上していくことも、人を育てることもできません。

★賃上げ可否の判断が可能になる

厳しい諸物価の高騰によって賃上げが要請されています。しかし物価が上がったからと言って、事業の付加価値が増えていなければ、無理な賃上げで会社と従業員が共倒れになってしまうリスクがあります。ですから、会社と従業員は常に付加価値を軸にしたコミュニケーションに務め、建設的な解決策を見つけていかなければなりません。

★事業の成長管理が可能になる

株主利益だけを管理していると「縮小と衰退の悪循環」に陥ります。「成長と分配の好循環」を目指すなら、付加価値を可視化し、その最大化を目指さなければなりません。付加価値を目標にしなければGDPも伸びません。

第 15 章　ビジネスを進化させよう！

★手元キャッシュの管理は資金繰表で
　手元キャッシュの管理については、資金繰表が必要です（今までも／これからも）。

Q.　今まで、できていましたか？	
売上高 　－全ての変動費 　＝付加価値 　－ヒトの固定費 　－モノの固定費 　－カネの固定費 　＝株主利益 **損益分岐点・シミュレーション**	売上高 　－全ての変動費 　＝付加価値 　－ヒトの固定費 　－モノの固定費 　－カネの固定費 　＝株主利益 **費用の異常値管理**
売上高 　－全ての変動費 　＝付加価値 　－ヒトの固定費 　－モノの固定費 　－カネの固定費 　＝株主利益 **コストダウン・CO_2 削減**	売上高 　－全ての変動費 　＝付加価値 　－ヒトの固定費 　－モノの固定費 　－カネの固定費 　＝株主利益 **生産性評価と人材育成**
売上高 　－全ての変動費 　＝付加価値 　－ヒトの固定費 　－モノの固定費 　－カネの固定費 　＝株主利益 **賃上げ可否の判断**	売上高 　－全ての変動費 　＝付加価値 　－ヒトの固定費 　－モノの固定費 　－カネの固定費 　＝株主利益 **事業の成長管理**

TASK 75　固変分離と DX で、管理の速度を上げよう

これから DX に取り組むなら、最優先で取り組むべきテーマは「本業」の効率化です。変動費の日次管理と、経営資源の月次管理で、「生き抜く体制作り」を急ぎましょう！やるべきことはただ 1 つ「生き抜く」です。

▶▶今までの予算管理の限界を、克服しよう！

国内各社の予算編成や決算は年次が一般的ですが、そこにも限界が生じていました。

★膨大な手間と時間がかかる

社会に何か重大な変化があっても、それが実績に反映されるのは年度末、それを反映した予算が編成されるのは翌期末、実際にそれに基づいた事業活動が開始されるのは翌翌期（2 年後）なので、社会の急激な変化（国内外の大災害、資源価格の暴騰や供給停止、政権交代、戦争や紛争、重大な規制、パンデミックなど）に素早く対応できません。現実にこうした場面は増えています。

★目標が甘くなりがち

先の見通せない年次の目標はどうしても甘くなりがちです。その甘い目標が期中の早々に達成されてしまえば、期の後半の活動は緊張感を失うことにもなります。

★期末まで待つ理由がない

良い経営資源を見いだしたら（良い人材、良い工場、良い設備など）、その登用・昇進・取得を次年度まで待つ理由はありません。待てば失います。

▶▶DX で、変動費の日次管理を目指そう！

変動的要素（売上高〜変動費〜付加価値）は日々変化しますから、経営管理も日次管理が目標です。月次等では異常値や差異（価格差異・数量差異）の発見が遅れ、原因分析が困難になり、ロスが垂れ流しになったり、成功事例の横展開が遅くなったりするからです。変動的要素の日次管理は DX が最優先で取り組むべきテーマでもあります。

「どうすれば DX が成功するのか」という議論がありますが、DX は目標ではなく、経営革新を成功させるための手段だという本質を見失わないようにしてください。

▶▶DX で、「予算」の月次化を目指そう！

従来の予算が鈍重だったのは、変動費と固定費が混在し、見積りや配賦や部門調整に時間がかかるからでもありました。**変動費（Fact）と固定費（会社の**

意思決定）を分離すれば予算管理の「月次化」が視野に入ります。それは鈍重な年次予算を年12回やるという意味ではありません。DXをフル活用し、身軽な管理を俊敏に行う体制を作りましょう。

Q. 年次予算で、世界の変化に対応できますか？

売上高
　－売上原価　　　　　　　…変動費＋固定費　　　誰の仕事？
　＝売上総利益

　－販売費・一般管理費　　…変動費＋固定費　　　誰の仕事？
　＝営業利益

　－営業外費用　　　　　　…変動費＋固定費　　　誰の仕事？
　＝経常利益

年次の予算（年1回）
年次の予実比較（年12回）

【今までの予算管理は鈍重でした】

日次のPDCA（年250回）

売上高　　　　　　（Fact）
　－全ての変動費　（Fact）　　　…変動費　　　担当者の仕事
　＝付加価値　　　（Fact）
　　　　　　　　　　　　　　　◀生産性評価

　－ヒトの固定費（固定労務費）　…固定費
　－モノの固定費（即時償却費）　…固定費　　　経営者の仕事
　－カネの固定費（固定的金利）　…固定費
　＝株主利益

月次のPDCA（年12回）

【速いサイクルで、どんどん会社を変えましょう】

〈おわりに〉

大企業の会計と同じではいけない理由とは？

　今日の会計経理の起源は、大航海時代の商人の工夫に遡ります。航海の成功を出資者に報告し、さらに出資を引き出すための実用が、複式簿記、B/S、P/Lを生みました。ところが企業会計の現実は実用からほど遠い状況です。

> ✔ 固変分離の重要性を疑う専門家はいないのに、現実には変動費・固定費・直接費・間接費がごちゃごちゃで分離は全く成功していない。
> ✔ 販売費が一般管理費と一緒にされ「販管費」になるのは常識だけど位置がおかしい。本当は売上原価と一緒にして「売上原価および販売費」にすべきでは？
> ✔ 売上原価の内訳も原価差異もわからない。
> ✔ 減価償却の償却期間や償却方法について「経済的便益を反映する方法」を要求されているのに、それを指導してくれる専門家を見かけない。
> ✔ 毎日、生産性向上を求められるけど、その会計的定義は案外と曖昧なまま、等々。

　おそらく大企業の会計（特に外部開示のための財務会計）は、多くの関係者の利害が衝突して身動きがとれなくなっているのです。日々の経営課題を把握して率直に向き合うことへの抵抗感も強いのかもしれません。でも、それでもなんとかやっていけてしまう大企業と同じ会計を押しつけられたら、中小製造業は困ります。中小製造業の会計は、もっと実用的でなければなりません。

　今日の会計のもう1つの問題は、人を過度にコスト視してきたことです。これは既存の会計の出発点が、出資者（株主）への報告書だったことからくる視点でしょう。そのため、人（従業員）から取り上げて出資者へのリターンを増やすことが経営の目標とされがちでした。国内で試みられてきた多くの「変革」も同様です。しかし、こうした変革でもたらされる効果は一時的なものにすぎません。事業を支える従業員は意欲を失い、やがて「縮小と衰退の悪循環」が始まります。これこそが、日本の失われた30年の1つの構図だったのです。物価高騰や戦争や異常気象という時代を生き抜くには、主体的に動ける人材を育て、イノベーションを起こさなければなりません。身軽な中小製造業は大企業とは異なる「善い管理会計」を導入し（！）、人を育てることができます。

　もちろん、正しい管理会計の導入は簡単なことではないでしょう。「会計を変えること」は「会社の形を変えること」でもあるからです。しかし、もし会

社が生きるか死ぬかの瀬戸際にあるのなら、ぜひ正しい管理会計に挑戦してみてください。現状分析、目標設定、実行管理、結果の測定と評価の全てで会計が必要です。正しい会計がなければ何も始まりません。でも、本当に本気で取り組めば、会社を再生するためにやれること／やるべきことが、きっとたくさん見えてきます。

　先般、会計士協会で会計士の皆さんを対象にした研修会を行いましたが、好評でした。回答下さった方の87％が「良かった／とても良かった」と評価くださったことに感謝をしております。従来、財務会計と管理会計の違いや、財務会計側の限界がきちんと理解されてこなかった現状を踏まえ、本書は図らずも管理会計の重要性ばかりを一方的に強調する内容になってしまいました。管理会計の膨大な手つかずは、日本の経営の手つかずであり、閉塞感の強い国内経済に残された飛躍の余地でもあるからです。しかし本来、２つの会計は「車の両輪」であり、どちらも欠くことのできない大切なもの。２つの会計が正しく使い分けられ、それぞれの専門家の協力で、日本の会計〜経営〜経済が力強く復活する日が来ることを心から願ってやみません。

	財務会計 （正しい開示のための会計）	正しい管理会計 （正しい意思決定のための会計）
1	★外部会計である 株主や投資家などの外部関係者に、経営成績を開示するためのもの	★内部会計である 経営者などの内部関係者が、経営目的達成のために使うもの
2	★法定会計である 会社間の比較可能性を担保するために、開示の様式が決められている	★自由会計である 会社間の比較可能性を担保する必要はなく、目的に合わせて自由にデザインできる
3	★会計専門家が指導し、簿記等で習う	★会計専門家の関心は、著しく低かった
4	★過去会計である 過去の意思決定の結果を示すもの	★未来会計である 未来に向かう意思決定を支えるためのもの
5	★良く見せるための会計である 経営課題を明示したくないという意図が、どうしても働きがち	★良くするための会計である 経営課題を率直に把握したり、経営施策の効果を測定するために使われる
6	★原価計算に全部原価計算を用いる	★固変分離を徹底した原価計算を用いる

◆吉川武文（物価高騰と戦う事業改善会計士）

東京工業大学・工学部修士
公認会計士／エネルギー管理士／気象予報士など
生産技術者／国内製造業の経営企画／北欧外資の工場長など

　元々は大手製造業で技術系管理職としてイノベーションに取り組む。出願特許は約100件。2時間の作業を1分に短縮、1週間の工程を1時間に短縮などの実績がありプレジデント表彰等を受賞。しかし全員で頑張っているのにコストダウンが成功しない、生産性も向上しないという状況に行き詰まり、自らもリストラを経験。その原因と対策を研究する過程で、合格可能性10000分の1とも言われた会計士試験に合格してしまったユニークな経歴。

　監査法人時代には、財務監査、基幹システム監査、中国大陸でのCO_2排出権審査、工場やインテリジェントビルの省エネ審査、サステナビリティ情報開示、コンサルティング業務などに幅広く従事。その後、工場経営に復帰するも、従来の企業会計には物価高騰やCO_2と戦う力がなかったことを知り、新しい管理会計の普及を志す。

　多くの会計専門家が、開示の決まりの専門家ではあっても経営実務の専門家ではなかったとの危機感から、専門家の連携による管理会計の普及と経営革新を推進。直近では管理会計と実践的なIoT（生産性のモニタリング・システム）の構築により、スウェーデン外資の工場のパフォーマンスを改善し、利益率を世界一にした。

　100倍を越える生産性向上をハンズオンで達成するなど「実務と数字」の両方を見渡せる数少ない会計士であることから、コストダウン・生産性向上・人材育成・イノベーション・設備投資・脱炭素などのテーマに特に強みがある。管理会計を軸とした著作物（15冊）やセミナー実績があり好評。公認会計士協会では会計士を対象にした管理会計研修の講師や研修委員も担当し、製造業のサステナビリティ（生き残り）を目指した管理会計の構築指導を行っている。

経営課題に合った管理会計を、作ろう！

　公認会計士　吉川武文事務所ホームページ
　https://newkaikei.com

図解！
製造業の「経営改善」に正しく使える「管理会計」
―経営課題を解決し付加価値を稼ぐための75のタスク

NDC 336.84

2024 年 9 月 10 日　初版 1 刷発行

(定価はカバーに
表示してあります)

　　　　　ⓒ　著　者　　吉川　武文
　　　　　　　発行者　　井水　治博
　　　　　　　発行所　　日刊工業新聞社
　　　　　　　　　　　　〒 103-8548
　　　　　　　　　　　　東京都中央区日本橋小網町 14-1
　　　　　　　電　話　　書 籍 編 集 部　03（5644）7490
　　　　　　　　　　　　販売・管理部　03（5644）7403
　　　　　　　FＡX　　03（5644）7400
　　　　　　　振替口座　00190-2-186076
　　　　　　　URL　　https://pub.nikkan.co.jp/
　　　　　　　e-mail　　info_shuppan@nikkan.tech
　　　　　　　印刷・製本　美研プリンティング㈱

落丁・乱丁本はお取り替えいたします。　　　2024 Printed in Japan

ISBN 978-4-526-08351-8　C3034

本書の無断複写は、著作権法上での例外を除き、禁じられています。